Auswärtiges Amt

Die Kongo-Frage (1885)

Auswärtiges Amt

Die Kongo-Frage (1885)

ISBN/EAN: 9783742888785

Hergestellt in Europa, USA, Kanada, Australien, Japan

Cover: Foto ©ninafisch / pixelio.de

Manufactured and distributed by brebook publishing software (www.brebook.com)

Auswärtiges Amt

Die Kongo-Frage (1885)

Die Kongo-Frage

nebst einer Karte von Zentral-Afrika von L. Friederichsen in Hamburg.

Dem Bundesrath und dem Reichstag

vorgelegt

im April 1885.

Mit Genehmigung des Auswärtigen Amts herausgegeben.

Hamburg.
L. Friederichsen & Comp.
1885.

10/3 55

Inhaltsverzeichniß.

Inhalt.	Seite.
Bericht des Kaiserl. Botschafters in London. (Auszug.)	
Inhalt des am 26. Februar 1884 abgeschlossenen englisch-portugiesischen Vertrages, betreffend den Kongo und Zambesi-Fluß und das an der Westküste von Afrika zwischen 8° und 5° 12' südlicher Breite belegene Gebiet	1
Anlage:	
Artikel I, IV, V, IX, X des genannten Vertrages in deutscher Uebersetzung	2
Bericht des Kaiserl. Botschafters in London. (Auszug.)	
Der englisch-portugiesische Vertrag hat bei verschiedenen Mächten Anstoß erregt	4
Bericht des Kaiserl. Konsuls in San Paolo de Loanda. (Auszug.)	
Gefahren des Kongovertrages für die deutschen Handelsinteressen ..	5
Bericht der Handelskammer zu Hamburg an die Deputation für Handel und Schiffahrt daselbst.	
Mittheilung einer Eingabe der am Handel im Kongogebiete interessirten Hamburger Firmen vom 20. März 1884, betreffend die Gefahren des Kongovertrages für den deutschen Handel	6
Anlagen:	
1. die vorher erwähnte Eingabe.....................	7
nebst	
2. einer Aufstellung, betreffend den Schiffsverkehr der Rhederefirma C. Woermann nach dem Kongogebiete	9
Eingabe der Handelskammer des Kreises Solingen.	
Gefahren des Kongovertrages für die deutschen Handelsinteressen ..	10
Verzeichniß der Handelskammern u. s. w., welche sich der Eingabe der Handelskammer für den Kreis Solingen angeschlossen bezw. sich in ähnlichem Sinne geäußert haben	11
Schreiben der Senatskommission für Reichs- und Auswärtige Angelegenheiten in Bremen.	
Mittheilung einer Eingabe der Handelskammer zu Bremen vom 12. April 1884, betreffend die Gefahren des Kongovertrages für die deutschen Handelsinteressen	11
Anlage:	
die erwähnte Eingabe	12
Eingabe der Handelskammer für den Kreis Mannheim. (Auszug.)	
Betreffend denselben Gegenstand	14

Nr.	Datum.	Inhalt.	Seite.
	1884.		
9.	18. April.	**Erlaß an den Kaiserl. Gesandten in Lissabon.** (Auszug.) Auftrag, der Königlich portugiesischen Regierung mitzutheilen, die Bestimmungen des Kongovertrages seien nach Ansicht der deutschen Regierung auf Reichsangehörige nicht anwendbar..................	15
10.	30. April.	**Bericht des Kaiserl. Geschäftsträgers in Lissabon.** (Auszug.) Antwort auf den vorstehenden Erlaß........................	16
11.	17. April.	**Erlaß an den Kaiserl. Gesandten in Paris.** (Auszug.) Auffassung der deutschen Regierung bezüglich der Kongofrage. Es würde sich empfehlen, gegenüber der durch den Kongovertrag geschaffenen Lage, das Prinzip der Solidarität und Gleichberechtigung zur Geltung zu bringen, welches bei Behandlung der Fragen von handelspolitischem Interesse in Ostasien zur Herrschaft gelangt ist. Auftrag, hiervon der französischen Regierung Mittheilung zu machen..................	17
12.	24. April.	**Bericht des Kaiserl. Botschafters in Paris.** Antwort auf den vorstehenden Erlaß. Die französische Regierung ist mit der deutschen Auffassung einverstanden..................	18
13.	19. April.	**Erlaß an den Kaiserl. Gesandten im Haag.** (Auszug.) Auftrag, die deutsche Auffassung bezüglich der Kongofrage zur Kenntniß der Königl. niederländischen Regierung zu bringen........	19
14.	27. April.	**Bericht des Kaiserl. Gesandten im Haag.** (Auszug.) Antwort auf den vorstehenden Erlaß........................	20
15.	21. April.	**Erlaß an den Kaiserl. Gesandten in Madrid.** (Inhaltsangabe.) Auftrag, die deutsche Auffassung bezüglich der Kongofrage zur Kenntniß der Königl. spanischen Regierung zu bringen............	21
16.	18. Mai.	**Der Bericht des Kaiserl. Gesandten in Madrid an den Reichskanzler.** Antwort auf den vorstehenden Erlaß........................	21
17.	29. April.	**Erlaß an den Kaiserl. Botschafter in London.** Auftrag, der großbritannischen Regierung mitzutheilen, daß Deutschland der Anwendung der Bestimmungen des Kongovertrages auf Reichsangehörige nicht zustimmen könne..................	21
18.	1. Mai.	**Bericht des Kaiserl. Botschafters in London.** Antwort auf den vorstehenden Erlaß........................	22
19.	2. Mai.	**Erlaß an den Kaiserl. Botschafter in Rom.** (Inhaltsangabe.) Auftrag, die deutsche Auffassung bezüglich der Kongofrage zur Kenntniß der Königl. italienischen Regierung zu bringen..............	22
20.	11. Mai.	**Bericht des Kaiserl. Botschafters in Rom.** Antwort auf den vorstehenden Erlaß........................	23

— v —

Nr.	Datum.	Inhalt.	Seite.
	1884.		
21.	4. Mai.	**Erlaß an den Kaiserl. Gesandten in Washington.** (Auszug.) Auftrag, die deutsche Auffassung bezüglich der Kongofrage zur Kenntniß der Regierung der Vereinigten Staaten von Amerika zu bringen	23
22.	21. Mai.	**Der Kaiserl. Gesandte in Washington an den Reichskanzler.** (Auszug.) Antwort auf den vorstehenden Erlaß	24
23.	5. Mai.	**Erlaß an den Kaiserl. Botschafter in London.** (Auszug.) Auftrag, die deutsche Auffassung bezüglich einer internationalen Regelung der Kongofrage zur Kenntniß der Königl. großbritannischen Regierung zu bringen	25
24.	29. Mai.	**Bericht des Kaiserl. Geschäftsträgers in Paris.** (Auszug.) Mittheilung, daß die französische Regierung zur Theilnahme an einer von Portugal vorgeschlagenen Konferenz bereit sei. Vorschläge des französischen Ministerpräsidenten, betreffend die Regelung der Kongofrage	26
25.	5. Juni.	**Erlaß an den Kaiserl. Geschäftsträger in Paris.** (Auszug.) Zustimmung zu den Vorschlägen der französischen Regierung	27
26.	26. Mai.	**Depesche des Königl. großbritannischen Staatssekretärs der Auswärtigen Angelegenheiten an den Königl. großbritannischen Botschafter in Berlin.** Mittheilung von den Abänderungen, welche die Königlich großbritannische Regierung bei Wiederaufnahme der Verhandlungen mit Portugal über den Vertrag in Vorschlag zu bringen beabsichtigt	27
27.	7. Juni.	**Erlaß des Reichskanzlers an den Kaiserl. Botschafter in London.** Den Interessen des deutschen Handelsstandes wird durch eine Modifikation des Kongovertrags nicht genügt. Die deutsche Regierung ist bereit, bei einer Regelung der Kongofrage auf der Basis der Gleichberechtigung und Interessengemeinschaft aller Nationen mitzuwirken	28
28.	20. Juni.	**Bericht des Kaiserl. Botschafters in London.** Antwort auf den vorstehenden Erlaß	30
29.	26. Juni.	**Telegraphischer Bericht des Kaiserl. Botschafters in London.** Nicht-Ratifikation des Kongovertrages durch England	31
30.	5. Juli.	**Erlaß an den Kaiserl. Botschafter in Paris.** (Auszug.) Deutschland ist bereit, sich mit Frankreich, wie über das Kongogebiet, so auch über das Nigergebiet zu verständigen	31
31.	9. Juli.	**Der Kaiserl. Botschafter in Paris an den Reichskanzler.** (Auszug.) Antwort auf den vorstehenden Erlaß	32
32.	26. Juli.	**Erlaß an den Kaiserl. Botschafter in London.** (Auszug.) Mittheilungen Lord Ampthill's betreffend die Kongofrage. Auftrag, der großbritannischen Regierung mitzutheilen, daß die internationale Verständigung sich nicht nur auf die Schiffahrt, sondern auf alle den Handel zu Lande und zu Wasser im Kongogebiet betreffenden Fragen erstrecken müsse	32

Nr.	Datum.	Inhalt.	Seite.
33.	1884. 8. August.	**Bericht des Kaiserl. Botschafters in London.** (Auszug.) Antwort auf den vorstehenden Erlaß	34
34.	13. Septbr.	**Schreiben des Reichskanzlers an den Botschafter der französischen Republik in Berlin.** Zusammenfassung des Inhalts der zwischen dem Reichskanzler und dem französischen Botschafter in Varzin gepflogenen Unterredungen. Vorschlag, das erreichte Einverständniß durch einen Notenaustausch zu konstatiren und die bei dem Handelsverkehr in Afrika interessirten Mächte einzuladen, sich in einer einzuberufenden Konferenz über die zwischen den beiden Mächten vereinbarten Abmachungen zu äußern...	34
35.	20. Septbr.	**Schreiben des Botschafters der französischen Republik an den Reichskanzler.** Erklärung des Einverständnisses der französischen Regierung mit dem Inhalt der vorstehenden Note	36
36.	30. Septbr.	**Schreiben des Reichskanzlers an den Botschafter der französischen Republik.** Vorschläge bezüglich der zu der Konferenz zu erlassenden Einladungen	37
37.	2. Oktober.	**Schreiben des Botschafters der französischen Republik an den Reichskanzler.** Erklärung des Einverständnisses der französischen Regierung mit den in dem vorstehenden Schreiben gemachten Vorschlägen	38
38.	—	**Entwurf zu einer an die Regierungen folgender Staaten: Oesterreich-Ungarn, Belgien, Dänemark, Spanien, Großbritannien, Italien, Portugal, Niederlande, Rußland, Schweden und Norwegen, Vereinigte Staaten von Amerika, zu richtenden Note.** Vorschlag einer Konferenz in Berlin zur Regelung der Handels- und Schiffahrtsverhältnisse auf dem Kongo und Niger und zur Feststellung der bei neuen Besitzergreifungen an der afrikanischen Küste zu beobachtenden Formen	39
39.	8. Oktober.	**Depesche des Königl. großbritannischen Staatssekretärs der Auswärtigen Angelegenheiten an den Königl. großbritannischen Geschäftsträger in London.** Die großbritannische Regierung nimmt die Einladung zu der Konferenz in Berlin im Prinzip an, bittet aber vorher um Mittheilung der Vorschläge, welche die deutsche Regierung auf derselben zu machen beabsichtige	40
40.	20. Oktober.	**Erlaß an den Kaiserl. Geschäftsträger in London.** Auftrag, eine im Entwurf beigefügte Note an die großbritannische Regierung zu richten; Mittheilung der Ansichten, welche die deutsche Regierung auf der Konferenz zu vertreten beabsichtigt .... Anlage: Der erwähnte Noten-Entwurf	41 42

Nr.	Datum.	Inhalt.	Seite.
	1884.		
41.	4. November.	Note des Königl. großbritannischen Botschafters in Berlin an den Staatssekretär des Auswärtigen Amts. Die großbritannische Regierung dankt für die gegebenen Aufklärungen und nimmt die Einladung zu der Konferenz unter dem Vorbehalte an, daß die britischen Rechte am unteren Laufe des Niger respektirt würden	43
42.	—	Entwurf zu einer Note, durch welche die betheiligten Mächte von dem Tage der Eröffnung der Konferenz in Kenntniß gesetzt werden................................	43
43.	8. November.	Uebereinkunft zwischen dem Deutschen Reich und der Internationalen Gesellschaft des Kongo	44
	1885.		
44.	26. Februar.	Generalakte der Berliner Konferenz........................	45

(Auszug.)

№ 1.

London, den 6. März 1884.

Der am 26. v. M. hierselbst unterzeichnete Vertrag zwischen Großbritannien und Portugal, betreffend das Kongogebiet, ist soeben dem Parlament vorgelegt worden.

Der Vertrag enthält die Anerkennung der Souveränität Portugals über das Küstengebiet des Kongo und beide Ufer desselben zwischen 8° und 5° 12' südlicher Breite und giebt die genaueren Grenzen dieses Gebiets an.

Während Artikel II des Vertrages besagt, daß das Kongogebiet den Angehörigen aller Nationen geöffnet sein wird, und daß diese in jeder Beziehung, sowohl hinsichtlich des Besitzes von Grund und Boden, als der Erbauung von Faktoreien, Waarenhäusern, Errichtung von Agenturen und dergleichen, gleiche Vortheile und gleiche Behandlung wie die Unterthanen Portugals genießen werden, und Artikel III die volle Handels- und Schiffahrtsfreiheit auf den Flüssen »Kongo und Zambesi« für Unterthanen aller Nationen ausdrücklich anerkennt, giebt der Artikel IV insofern zu Bedenken Anlaß, als darin eine von Großbritannien und Portugal gemeinsam einzusetzende Kommission in Aussicht genommen wird, welcher es vorbehalten bleiben soll, über alle Schiffahrts-, Polizei-, Abgaben- und Zoll-Angelegenheiten zu bestimmen und eine gemeinsame Aufsicht zu führen. England wird dadurch eine bevorzugte Stellung und die Möglichkeit eingeräumt, seinem Handel, trotz der Versicherungen von gleicher Behandlung aller Nationalitäten, durch Ertheilung von Monopolen, Konzessionen und dergleichen, besondere Vortheile zu verschaffen.

Von den übrigen Bestimmungen des Vertrages, welche sich namentlich auf Verkehrserleichterungen, auf die Duldung aller christlichen Bekenntnisse, auf gemeinsame Bekämpfung des Sklavenhandels beziehen, gestatte ich mir nur die Artikel IX, X und XIV noch besonders hervorzuheben.

Artikel IX bestimmt, daß für die nächsten zehn Jahre der Zolltarif für das Kongogebiet denjenigen, welcher für die Provinz Mozambique im Jahre 1877 aufgestellt wurde, nicht übersteigen darf. Eine Revision dieses Tarifs ist erst nach diesem Zeitraum, und zwar nur unter Zustimmung beider vertragschließenden Theile statthaft.

Der zweite Absatz des Artikels behandelt die Gleichstellung britischer Schiffe und Waaren mit portugiesischen in Bezug auf Abgaben und Zölle.

Durch Artikel X sichert sich Großbritannien das Recht der Meistbegünstigung dritten Nationen gegenüber.

Artikel XIV endlich ist deshalb von Interesse, weil sich Portugal darin verpflichtet, das jetzt in seinem Besitze befindliche Fort von S. João Baptista de Ajudá, falls es dessen Besitz einmal aufgeben sollte, mit allen seinen Rechten der englischen Regierung anzutragen.

Im Parlament dürfte die Ratifikation des Vertrags auf Widerspruch stoßen. Sowohl von Seiten des früheren Unterstaatssekretärs Bourke, als auch einiger Abgeordneten, welche die an Portugal gemachten Konzessionen nicht billigen, werden einzelne Stipulationen des Vertrags bekämpft werden.

Sir Julian Pauncefote, mit welchem ich Rücksprache über die Angelegenheit genommen habe, sagte mir, daß das englische Kabinet nur mit Widerstreben in die Errichtung einer nicht internationalen Kommission gewilligt habe, und versicherte, daß England die neuerworbene Stellung am Kongo nur dazu benutzen werde, als Wächter der gemeinsamen Interessen aller Nationen zu wirken.

gez. Münster.

Seiner Durchlaucht dem Fürsten von Bismarck.

Anlage zu № 1.

Artikel I, IV, V, IX, X
des englisch-portugiesischen Kongovertrages in deutscher Uebersetzung.

Artikel I.

Vorbehaltlich der Bestimmungen des gegenwärtigen Vertrages willigt Ihre Britannische Majestät ein, die Souveränität Seiner Allertreuesten Majestät des Königs von Portugal und Algarvien über denjenigen Theil der Westküste von Afrika anzuerkennen, welcher zwischen 8° und 5° 12' südlicher Breite und landeinwärts soweit, wie im Folgenden angegeben, gelegen ist.

Am Kongofluß soll Nokki der Grenzpunkt sein.

An der zwischen 8° und 5° 12' südlicher Breite sich erstreckenden Küste soll die östliche Inlandgrenze mit den Grenzen der gegenwärtigen Besitzungen der Küsten- und Uferstämme zusammenfallen. Diese Grenze soll festgestellt, und die Feststellung mit thunlichster Beschleunigung durch Seine Allertreueste Majestät Ihrer Britannischen Majestät mitgetheilt werden.

Die Feststellung soll, wenn sie von den Hohen vertragschließenden Theilen genehmigt worden ist, in ein dem gegenwärtigen Vertrage anzuheftendes Protokoll aufgenommen werden.

Artikel IV.

Es soll eine gemischte Kommission, gebildet aus Delegirten von Großbritannien und Portugal, eingesetzt werden, um Vorschriften für die Schiffahrt, Polizei und Beaufsichtigung des Kongo und anderer Wasserstraßen innerhalb des im Artikel I bezeichneten Gebietes aufzustellen und deren Ausführung zu überwachen.

Durch diese Vorschriften dürfen Abgaben in dem Umfange auferlegt werden, daß die Kosten der zur Erleichterung von Handel und Schiffahrt erforderlichen Anlagen und die Ausgaben der Kommission gedeckt werden.

Die Kommission soll sich mit den portugiesischen Behörden wegen Errichtung und Erhaltung von Leuchtthürmen, Baken und Zeichen zur Bezeichnung des Fahrwassers verständigen.

Artikel V.

Von Waaren, welche auf dem Wasserwege durch das in Artikel I bezeichnete Gebiet durchgeführt werden, sollen keine Durchgangs- oder andere Abgaben, weder direkte noch indirekte, wie sie auch heißen mögen, erhoben werden. Diese Zollfreiheit soll sich auch auf Waaren beziehen, welche im Laufe der Durchfuhr auf ein anderes Schiff geladen, oder, falls sie zur Weiterbeförderung auf dem Wasserwege bestimmt sind, unter Zollverschluß an das Land gebracht werden. Das Umladen der Waaren von einem Schiff in ein anderes oder das Landen derselben unter Zollverschluß soll behufs Verhinderung von Unterschleifen unter Aufsicht der portugiesischen Behörden stattfinden. Die Kosten dieser Aufsicht sind von den Händlern oder ihren Agenten zu tragen. Der Tarif dieser Kosten wird durch die gemischte Kommission festgestellt werden. Keine derartigen Abgaben sollen bei der Durchfuhr zu Lande durch dieses Gebiet von Waaren erhoben werden, welche gesetzmäßig eingeführt sind und diejenigen Zölle bezahlt haben, welche der durch den gegenwärtigen Vertrag genehmigte Tarif festsetzt.

Artikel IX.

Der Zolltarif für das in Artikel I bezeichnete Gebiet soll für die Dauer von zehn Jahren, vom Datum des Austausches der Ratifikationen des gegenwärtigen Vertrages an gerechnet, die Sätze desjenigen nicht überschreiten, der in der Provinz Mozambique im Jahre 1877 eingeführt wurde. Am Ende dieses Zeitraums kann der Tarif im Einverständniß der beiden Hohen vertragschließenden Theile einer Revision unterzogen werden, doch soll, so lange solche Revision noch schwebt, keine Abänderung darin vorgenommen werden.

Es ist jedoch' für immer ausbedungen, daß in dem Gebiete, welches im Artikel I des gegenwärtigen Vertrages bezeichnet ist, britische Schiffe in Zukunft niemals zur Zahlung von höheren oder anderen Zöllen verpflichtet oder irgend welchen anderen Beschränkungen unterworfen sein sollen, als daselbst von portugiesischen Schiffen zu zahlen sind oder ihnen auferlegt werden. Waaren, welche britischen Unterthanen gehören oder in britischen Schiffen eingeführt werden oder von britischer Herkunft sind, sollen in Zukunft niemals irgend einer differentiellen Behandlung unterworfen, sondern in jeder Hinsicht auf demselben Fuße behandelt werden, wie Waaren, welche portugiesischen Unterthanen gehören, oder in portugiesischen Schiffen eingeführt werden oder portugiesische Produkte oder Fabrikate sind. Diese Gleichheit der Behandlung soll für britische Schiffe und Waaren gelten, welches auch der Hafen oder Ort, von dem sie herkommen, oder der Ort ihrer Bestimmung sein mag.

In allen afrikanischen Besitzungen Portugals sollen die Sätze des derzeitigen Zolltarifs für die Dauer von zehn Jahren, vom Datum des Austausches der Ratifikationen des gegenwärtigen Vertrags an gerechnet, nicht erhöht werden.

In keinem portugiesischen Hafen soll von britischen Schiffen, welche direkt nach britischen Häfen bestimmt sind, ein Gesundheitsbrief oder irgend eine andere Quarantäneförmlichkeit verlangt werden.

Artikel X.

Seine Allertreueste Majestät gewährleistet britischen Unterthanen und ihrem Handel in allen afrikanischen Besitzungen Portugals neben den Rechten, welche sie schon in den portugiesischen Kolonien besitzen, die Behandlung der meist begünstigten dritten Nation:

1. Hinsichtlich des Aufenthalts, mag er zeitweise oder dauernd sein: in Bezug auf die Ausübung jeglichen Gewerbes oder Berufes, die Zahlung von Steuern und anderen Abgaben und den Genuß aller gesetzlichen Rechte und Privilegien einschließlich des Erwerbes, des Besitzes und des Verfügungsrechts über unbewegliches Vermögen.

2. Hinsichtlich des Handels: in Bezug auf Ein- und Ausfuhrzölle und alle anderen Abgaben von Waaren jeglicher Art, welches auch der Ort ihrer Herkunft oder ihrer Fabrikation sein mag, und gleichviel, ob sie zum Verbrauch, zur Lagerung oder Wiederausfuhr bestimmt sind; ebenso in Bezug auf die Durchfuhr von Waaren, auf das Verbot von Einfuhr, Ausfuhr oder Durchfuhr, auf Waarenproben, Zollförmlichkeiten und auf alle anderen Handel und Gewerbe betreffenden Angelegenheiten.

3. Hinsichtlich der Schiffahrt: in Bezug auf Dampf- oder Segelschiffe, von welchem Orte sie auch ankommen mögen und welches auch der Herkunfts- oder Bestimmungsort ihrer Ladungen sein mag, desgleichen in Bezug auf alle den gedachten Schiffen und Ladungen aufzuerlegenden Abgaben und Gebühren und auf alle dieselben betreffenden Förmlichkeiten und Verordnungen.

4. Alle Begünstigungen, Privilegien oder Befreiungen, welche die Person, den Handel oder die Schiffahrt betreffen, ebenso jede Ermäßigung von Zöllen oder anderen auf Waaren oder Schiffe gelegten Abgaben, welche Portugal künftig irgend einer dritten Macht zugesteht, sollen unverzüglich und bedingungslos auch Großbritannien eingeräumt werden.

5. Britische Konsularbeamte sollen in Bezug auf Ernennung, Aufenthalt, Amtsverrichtungen und Privilegien auf den Fuß der meist begünstigten Nation gestellt werden.

№ 2.

(Auszug.)

London, den 21. März 1884.

Unter Bezugnahme auf meinen Bericht vom 6. d. M. beehre ich mich, Euerer Durchlaucht ganz gehorsamst zu berichten, daß der englisch-portugiesische Kongovertrag bei verschiedenen auswärtigen Mächten Anstoß erregt hat. Mein niederländischer Kollege sowohl, als Mr. Waddington geben ihrer Mißstimmung über denselben Ausdruck. Letzterer betrachtet den eben abgeschlossenen Vertrag als eine, sowohl von englischer als portugiesischer Seite betriebene Schädigung internationaler Interessen. Dem gegenüber kann ich nur wiederholen, daß mir auf dem Fortign Office verschiedentlich versichert wurde, daß England nichts ferner läge, als durch den neuen Vertrag die Interessen anderer Nationen zu benachtheiligen. Auf die Anfrage des französischen Botschafters, welche Stellung die Kaiserliche Regierung zu dem Kongovertrage nähme, habe ich erwidert, daß mir bis jetzt noch keine Instruktionen zugegangen seien.

gez. Graf zu Münster.

Seiner Durchlaucht dem Fürsten von Bismarck.

№ 3.

(Auszug.)

Duisburg a. Rh., 3. März 1884.

Excellenz!

Aus verschiedenen Zeitungen habe ich ersehen, daß zwischen der englischen und portugiesischen Regierung ein Traktat vereinbart sein soll, welches die stets aufs Neue vorgebrachten, aber von der englischen Regierung bis vor Kurzem stets bestrittenen Ansprüche Portugals auf das Kongogebiet — zwischen 8° und 5° 12′ südlicher Breite — anerkennt. Der Inhalt des Traktats scheint in den Details noch nicht publizirt zu sein, doch soll Portugal dadurch berechtigt sein, das bisher neutrale Gebiet zu annektiren und Zölle zu erheben ungefähr nach dem Mozambique-Tarif.

Jeder, der mit den Verhältnissen vertraut ist und die Zustände in portugiesischen Kolonien kennt, wird einräumen, daß portugiesische Zollsysteme, Administration, Langsamkeit und Nachlässigkeit einem Lande nicht zum Vortheil gereichen können, und es braucht also nicht erst gesagt zu werden, daß eine starke Schädigung des Handels jenes Landes die Folge des Traktats sein würde. Außerdem würden die sich dort befindenden Niederlassungen von Europäern Gefahr laufen, von den Eingeborenen vernichtet zu werden, da sich dieselben gegen die Annexion sträuben werden. Wenn nun auch meines Wissens Deutschlands Angehörige daselbst keine Niederlassungen haben, so glaube ich doch, daß im Kongolande große deutsche Interessen im Spiele sind, insofern als ja eine Hamburger Dampferlinie — die Woermannsche — monatlich dorthin Dampfer entsendet und Etablissements verschiedener Nationalitäten mit den Erzeugnissen deutscher Industrie versieht.

Auch eine große Anzahl deutscher Segelschiffe geht regelmäßig nach jenen Breiten. Da durch Einführung der portugiesischen Oberhoheit auch wissenschaftliche Expeditionen gestört und in Gefahr gebracht würden, und Deutschland an der Erschließung gerade jenes Gebiets für den internationalen Handel so große Opfer an Geld und Blut gebracht hat, so ist dies ein drittes Moment für sein Recht, in dieser wichtigen Sache gehört zu werden. Dieselbe sollte überhaupt nicht zwischen zwei Staaten allein, sondern zwischen allen Betheiligten ausgemacht werden.

Obwohl ich es für wahrscheinlich halte, daß das Hohe Auswärtige Amt bereits Schritte gethan hat, welche geeignet sind, die dem deutschen Handel resp. der deutschen Industrie und Schiffahrt drohende Gefahr abzuwenden, so glaubte ich, wegen der Dringlichkeit der Sache, das Vorstehende bemerken zu dürfen. Ich erlaube mir nur noch anzuführen, daß, selbst wenn der Traktat für den Augenblick keine Differentialzölle zu Gunsten der portugiesischen Erzeugnisse und Schiffahrt einführt, es doch bei der bekannten Handelspolitik Portugals nicht bezweifelt werden kann, daß dieselben für die spätere Zukunft ins Auge gefaßt sind. Die Furcht vor solchen Zuständen, wie sie in Angola z. B. herrschen, würde allein schon genügen, alles kommerzielle Leben und allen Unternehmungsgeist in den bedrohten und in reger Entwickelung befindlichen Gebieten zu ersticken.

Mit Recht befürchten Frankreich, Holland und Belgien das Schlimmste für ihre dort etablirten Beziehungen, und in englischen Handels- und Industriekreisen wird der Traktat einstimmig für eine Kalamität gehalten.

gez. W. H. Pasteur,
Kaiserlich deutscher Konsul in San Paolo de Loanda.

An
den Staatssekretär des Auswärtigen Amts
Herrn Grafen von Hatzfeldt
Excellenz.

_____

№ 4.

Hamburg, den 24. März 1884.

Die Handelskammer beehrt sich der Deputation beifolgend eine an sie gerichtete Eingabe der am Handel nach dem Kongogebiete interessirten Firmen, betreffend den von den Regierungen Englands und Portugals abgeschlossenen Vertrag, in welchem die erstere die Herrschaft der letzteren über die Westküste Afrikas vom 5° 12′ bis zum 8.° südlicher Breite anerkennt, ergebenst zu überreichen. Daß der genannte Vertrag und die Gestaltung der Verhältnisse in der betreffenden Gegend nicht nur den Handel unseres Platzes, sondern auch die deutsche Industrie auf das Lebhafteste berührt, dürfte auch dadurch dokumentirt werden, daß die Handelskammer zu Solingen an die hiesige Kammer ein Schreiben gerichtet hat, in welchem sie anfragt, ob und welche Schritte diesseits in dieser Angelegenheit geschehen seien. Da der Vertrag dem englischen Parlament vorgelegt ist und demnächst über die Ratifikation desselben berathen werden wird, und da nicht nur der englische Handelsstand lebhaft gegen die Ratifikation protestirt, sondern auch, wie verlautet, die betheiligten Kreise Hollands und Frankreichs ihre Regierungen zu Vorstellungen bei der englischen Regierung aufgefordert haben, erscheint ein Vorgehen der Reichsregierung in gleichem Sinne nicht aussichtslos und bei der Bedeutung der Sache für Deutschlands Handel und Industrie in hohem Grade wünschenswerth. Doch ist nach Lage der Sache die größte Beschleunigung erforderlich, und richtet daher die Handelskammer an die Deputation das sehr ergebene Ersuchen, die beifolgende Eingabe thunlichst umgehend an die zuständige Stelle befördern zu wollen.

Die Handelskammer.

gez. Adolf Woermann
p. t. Präses.

An
die Deputation für Handel und Schiffahrt
zu Hamburg.

Anlage 1 zu No 4.

Hamburg, den 20. März 1884.

Die ergebenst unterzeichneten, an dem Handel mit dem Kongogebiet betheiligten Firmen gestatten sich, die Aufmerksamkeit der wohllöblichen Handelskammer auf einen Vorgang hinzulenken, der geeignet erscheint, die Interessen des deutschen Handels mit Westafrika in empfindlichster Weise zu schädigen.

Am 26. Februar d. J. ist zwischen Bevollmächtigten der großbritannischen und der portugiesischen Regierung der sogenannte »Kongovertrag« abgeschlossen worden, der inzwischen den beiden Häusern des englischen Parlaments zur Genehmigung unterbreitet ist.

In diesem Vertrage anerkennt die großbritannische Regierung zum ersten Mal die Oberhoheit des Königs von Portugal über das Kongogebiet an der Westküste Afrikas zwischen 8° und 5° 12' südlicher Breite, und spricht der portugiesischen Regierung ausdrücklich das Recht zu, von den in dieses Gebiet einzuführenden, resp. aus demselben auszuführenden Waaren Zölle nach dem »Mozambique-Tarif« vom Jahre 1877 zu erheben.

Bisher unterlag der Handel mit diesem Theile Westafrikas keinerlei Zollabgaben und konnte sich derselbe, Dank dieser Verkehrsfreiheit, in erfreulicher Weise entwickeln. Nach dem in Rede stehenden Vertrage soll nunmehr den von der portugiesischen Regierung im Kongogebiet einzusetzenden Beamten das Recht zustehen, von den Waaren Zölle zu erheben, die — wie hier nur an einigen Beispielen gezeigt werden mag — eine so außerordentliche Belastung involviren, daß der Handel ernstlich gefährdet, jedenfalls eine weitere günstige Entwickelung desselben ausgeschlossen sein würde.

Nach dem Mozambique-Zolltarif beträgt der Eingangszoll für baumwollene, gebleichte Waare:

4,80 Pence pro Kilogramm oder etwa 25 Prozent vom Werth,

für baumwollene, gefärbte und bedruckte Waaren:

8,53 Pence pro Kilogramm oder etwa 34 Prozent vom Werth,

für wollene, leinene oder mit Baumwolle gemischte Waaren:

10 Prozent vom Werth (Werthzoll),

für Gewehre:

6 Shill. 8 Pence pro Stück oder etwa 100 Prozent vom Werth,

für Schießpulver:

5,33 Pence pro Kilogramm oder etwa 100 Prozent vom Werth.

Der Ausfuhrzoll auf die beim Kongohandel hauptsächlich in Betracht kommenden Exportartikel beträgt (als Werthzoll):

für Gummi . . . . 2 Prozent vom Werth,
» Guttapercha, Kautschuk, Wachs . . . . 4 » » »
» Elfenbein (Elephantenzähne) . . . . 6 » » ».

Unter dieser exorbitanten Zollbelastung müßte der Handelsverkehr zum Erliegen kommen.

Der Transithandel durch das dem Königreich Portugal im Vertrage zugesprochene Gebiet nach dem oberen Kongo soll zwar frei von Zollgebühren bleiben, doch soll den portugiesischen Beamten das Recht der Revision der transitirenden Waaren zustehen, und die hieraus erwachsenden Unkosten (nebst den obligaten Strafen ꝛc.) sollen den betreffenden Kaufleuten zur Last fallen (Artikel V des Vertrages).

Mit dieser Bestimmung würde der größten Beamtenwillkür Thür und Thor geöffnet und eine vollständig unkontrolirbare Belastung des Waarentransitverkehrs mit willkürlich bemessenen Spesen sanktionirt werden. Nach allen bisher gemachten Erfahrungen hat die kleinliche, chikanöse und auf Ausbeutung der Handeltreibenden gerichtete Verwaltung in den überseeischen portugiesischen Besitzungen noch stets Rückschritt und allmäliges Erliegen des europäischen Handelsverkehrs mit denselben zur Folge gehabt. Diese Folge würde auch in dem vorliegenden Falle unausbleiblich sein.

Es wäre dies um so mehr zu beklagen, als gerade im Kongogebiet ein großer Theil des Imports in deutschen Waaren besteht und alle Bedingungen für eine ersprießliche Weiterentwickelung desselben in diesem noch außerordentlich aufnahmefähigen Gebiete vorhanden sind. Die Anlage zeigt eine Aufstellung derjenigen Waaren, welche mit der hier bestehenden deutschen Dampferlinie seit etwa 12 Monaten nach dem in Rede stehenden Theil der Westküste Afrikas befördert sind; außerdem haben mit englischen Dampfschiffen und mit Segelschiffen mindestens gleiche Quantitäten Verladung gefunden.

Die diesem in erfreulichem Aufschwunge begriffenen Handelsverkehr drohende Gefahr läßt sich auch nicht mit dem Hinweise beschwichtigen, daß die im Vertrage den englischen Unterthanen, Schiffen und Waaren zugesicherte Behandlung auf dem Fuße der meistbegünstigten Nation (Artikel IX und X) auch den deutschen Reichsangehörigen, Schiffen und Waaren auf Grund des deutsch-portugiesischen Handels- und Schiffahrtsvertrages vom 2. März 1872 zustehen würde; die Meistbegünstigung würde in diesem Falle doch nur den Sinn einer gleich ungünstigen Behandlung haben.

Es kann natürlich nicht die Aufgabe und die Absicht der ergebenst Unterzeichneten sein, zu untersuchen, ob die großbritannische Regierung überall berechtigt ist, auf eigene Hand die bisher bestrittene Oberhoheit Portugals über das Kongogebiet, in welchem außer englischen auch die Interessen der anderen handeltreibenden Nationen Europas in Frage kommen, anzuerkennen; die Unterzeichneten glauben aber darauf hinweisen zu dürfen, daß eine auf Grund internationalen Uebereinkommens zu erzielende Neutralisirung des Kongogebiets ebensosehr im allgemeinen Interesse der handeltreibenden Nationen liegen würde, als sie auch seither von den Vertretern der großbritannischen Regierung, sowohl im Parlament, als auch in an die Oeffentlichkeit gelangten diplomatischen Noten für erstrebenswerth anerkannt worden ist.

Wenn irgendwo, so dürfte hier die passendste Gelegenheit geboten sein, für die so wünschenswerthe Ausdehnung des Absatzgebietes deutscher Industrieerzeugnisse die diplomatische Intervention der deutschen Reichsregierung anzurufen.

Es ist bekannt, daß die Vertretungen der englischen Handelsinteressen — so vor Allem die Manchester Handelskammer — lebhaften Protest gegen den Kongovertrag erhoben haben und betreffenden Orts mit dem Bittgesuch vorstellig geworden sind, dem Vertrage die Ratifikation zu versagen. Ist somit auch die Hoffnung nicht ausgeschlossen, daß der Vertrag schon in Folge der lebhaften und energischen Opposition seitens der Interessenten in dem einen der kontrahirenden Staaten nicht in Kraft treten dürfte, so sollte doch diese Möglichkeit nicht von einem gleichzeitigen Vorgehen der anderen in Betracht kommenden Interessenten abhalten.

Die Unterzeichneten richten daher an die wohllöbliche Handelskammer das ergebene Gesuch, sie wolle Ihrerseits an maßgebender Stelle die erforderlich erscheinenden Schritte zur Wahrung der in Frage stehenden Handelsinteressen thunlichst unverzüglich einleiten.

Einer Wohllöblichen Handelskammer

ganz ergebenen

(Folgen 24 Unterschriften.)

An
die Wohllöbliche Handelskammer hierselbst.

Anlage 2 zu № 4.

Aufstellung der von Hamburg mit den Dampfern der Rhedereifirma C. Woermann nach dem Kongogebiet vom Januar 1883 bis März 1884 exportirten Waaren.

1883.	Pulver	Spirituosen	Diverses
			(Waffen, Reis)
	Pfund.	Tons.	Tons.
Januar	—	76	31
Februar	117 600	7	18
März-April	11 520	80	112
Mai	—	6	34
Juni-Juli	74 724	162	32
August	33 500	204	36
September	16 000	205	77
Oktober-November	132 500	225	38
Dezember	117 825	252	82
	503 669	1 217	460
1884.			
Januar	123 385	300	30
Februar	155 850	435	40
März	247 000	501	25
	526 235	1 236	95
	1 029 904 Pfund	2 453 Tons	555 Tons
Werth circa	300 000 ℳ.	300 000 ℳ.	250 000 ℳ.

Total . . . . 850 000 ℳ.

Frachteinnahme . . . . 140 000 ℳ.

№ 5.

Solingen, den 1. April 1884.

Euerer Durchlaucht hochgeneigte Aufmerksamkeit gestattet sich die ehrerbietigst unterzeichnete Handelskammer auf den nachstehend besprochenen Vertrag zu lenken. Das am 26. Februar d. J. zwischen der englischen und portugiesischen Regierung getroffene Uebereinkommen, nach welchem die letztere von der, wegen der Kongomündungen höchst wichtigen Strecke an der afrikanischen Westküste von 5° 12′ bis 8° südlicher Breite Besitz ergreifen soll, liegt augenblicklich dem englischen Parlament zur Begutachtung vor.

Nach dem übereinstimmenden Urtheil aller Interessenten wird durch das Inkrafttreten dieses Vertrags der freie und uneingeschränkte, seit Jahren und besonders seit der Expedition Stanley's sich stetig vergrößernde Handel bedeutend abnehmen.

Portugal, dessen Oberhoheit über das Kongoland durch diesen, für ewige Zeiten abgeschlossenen Vertrag zum ersten Male seitens Englands anerkannt wird, soll in Zukunft das Recht haben, von allen ein- und ausgehenden Gütern Zölle, und zwar während der ersten zehn Jahre nach dem Mozambique-Tarif von 1877 zu erheben, während sich die Kontrahenten nach dieser Zeit über die Zollsätze zu verständigen haben.

Diese Abgaben stellen sich nach den Ermittelungen der Handelskammer zu Manchester z. B. für einfache, ungebleichte Baumwollenwaaren auf 30 bis 35 Prozent, für Gewehre auf 120 Prozent, für Schießpulver auf 100 Prozent, für Spirituosen auf 120 bis 165 Prozent vom Werthe.

Ferner wird die portugiesische Regierung von Allen, die am Kongo bisher die Freiheit und Sicherheit ihrer Niederlassungen hatten, hohe Einkommen- und Besitzsteuern, sowie andere Lasten erheben, sie wird außerdem die nach dem oberen Kongo transitirenden Güter revidiren und alle hieraus erwachsenden Kosten, die bei der Willkür der betreffenden Beamten nicht gering sein dürften, den Handeltreibenden aufbürden, und schließlich wird sie die so außerordentlich lästigen portugiesischen Zollvorschriften, die Hafenordnung u. s. w. zum Ruin aller Betheiligten streng handhaben.

Das Kongoland ist ein hervorragender Abnehmer für große Quantitäten Waaren, bei deren Lieferung die deutsche Industrie nächst der englischen den ersten Platz einnimmt. Die deutschen Händler und Fabrikanten werden auf Grund des Meistbegünstigungsvertrags mit Portugal den englischen gleichgestellt, und mit diesen erheben sie aber auch ihre Stimmen gegen den neuen Vertrag. In demselben wird die Entwickelung des Handels und der Civilisation auf dem afrikanischen Kontinent als zu erreichendes Ziel bezeichnet, während in Wirklichkeit aber genügender Grund für die Annahme vorliegt, daß der Handel am Kongo ernstlich geschädigt, wenn nicht vollständig ruinirt werden wird.

Die Mehrheit der aus den Kongogegenden kommenden Produkte, welche nur auf dem Wege des Tauschhandels erlangt werden, haben auf den europäischen Märkten geringen Werth (durchschnittlich ca. 300 Mark pro 1 000 Kilogramm); wenn nun die Waaren, welche zum Eintausch gegen die Produkte dienen, einem Eingangszoll bis zu 165 Prozent unterliegen, dann lohnt sich das Pflanzen und Sammeln für den Neger nicht mehr; er bringt die Bodenerzeugnisse nicht mehr zur Küste, wodurch schließlich der Export und selbstredend auch der Import aufhört.

Hierdurch werden aber nicht nur die Industrien, welche an dem afrikanischen Handel betheiligt sind, und die deutsche Schifffahrt, welche monatlich ein Schiff nach der Küste expedirt, erheblich leiden, sondern es wird auch das deutsche Kapital, das in mehreren, auf Aktien gegründeten Unternehmungen angelegt ist, sehr gefährdet sein, und endlich wird den unternehmungslustigen Deutschen die Möglichkeit genommen, eigene Niederlassungen am Kongo zu gründen.

Es kann nicht unsere Sache sein, untersuchen zu wollen, ob der englischen Regierung die Berechtigung zusteht, den erwähnten Vertrag mit Portugal abzuschließen, wir halten uns aber im Interesse der deutschen Industrie für verpflichtet, darauf hinzuwirken, daß die jetzigen Verhältnisse auch fernerhin bestehen bleiben, und nehmen uns deshalb die Freiheit, Euere Durchlaucht ehrerbietigst zu bitten, die geeignet erscheinenden Schritte zu thun, daß die an den Kongomündungen gelegenen Küstenstrecken von 5° 12′ bis 8° südlicher Breite von den europäischen Staaten als neutrales Gebiet anerkannt werden.

Wir verharren mit der größten Ehrerbietung

Euerer Durchlaucht
gehorsamste
Die Handelskammer.
(Unterschriften.)

An
Seine Durchlaucht den Kanzler des deutschen Reichs,
Fürsten von Bismarck.

№ 6.

Der Eingabe der Handelskammer des Kreises Solingen haben sich angeschlossen die Handelskammern zu Chemnitz, Plauen, Limburg a. d. L., Pforzheim, Hannover, Nürnberg, Altena, Elberfeld, Dortmund, Stolberg, Mainz, München, Offenbach, Wesel, Cöln a. Rh., Harburg, Frankfurt a. M., Wiesbaden.

In ähnlichem Sinne haben sich geäußert das Bezirksgremium für Handel ꝛc. in Hof, die Handelskammern zu Iserlohn und Hagen.

№ 7.

Bremen, den 15. April 1884.

Die hiesige Handelskammer hat mittelst der abschriftlich angefügten Eingabe vom 12. d. M. den Senat ersucht, bei Euerer Durchlaucht sich für eine geeignete Wahrung der deutschen Handelsinteressen im Kongogebiete, welche durch den britisch-portugiesischen Vertrag vom 26. Februar d. J. gefährdet erscheinen, zu verwenden. Der Senat hat uns dem entsprechend beauftragt, die Eingabe der Handelskammer

Euerer Durchlaucht zur Kenntniß zu bringen und um geneigte thunlichste Berücksichtigung der in derselben ausgesprochenen Wünsche ergebenst zu ersuchen.

Die Senatskommission
für Reichs- und auswärtige Angelegenheiten.

gez. Gildemeister.

Seiner Durchlaucht dem Herrn Reichskanzler Fürsten von Bismarck.

Anlage zu № 7.

Bremen, den 12. April 1884.

Im Nachstehenden beehrt sich die Handelskammer, die Aufmerksamkeit des Senats auf die am 26. Februar d. J. zwischen der englischen und portugiesischen Regierung getroffene Vereinbarung zu lenken, nach welcher die englische Regierung die Oberhoheit des Königs von Portugal über das Kongogebiet an der Westküste Afrikas zwischen 5° 12' und 8° südlicher Breite anerkennt und demgemäß der portugiesischen Regierung das Recht zuspricht, von den in dieses Gebiet einzuführenden bezw. aus demselben auszuführenden Waaren Zölle zu erheben. Bekanntlich sind gegen dieses Uebereinkommen in England selbst die lebhaftesten Proteste laut geworden, und liegt auch nach Ansicht der Handelskammer für alle an dem Handel mit der Westküste Afrikas betheiligten Nationen und so auch für Deutschland die dringendste Veranlassung vor, gegen dasselbe Einspruch zu erheben.

Bislang ist der Verkehr mit dem in Rede stehenden Gebiete ein völlig freier gewesen, welchem Umstande es unter Anderem mit zu verdanken ist, daß sich die Handelsbeziehungen von und nach dem Kongo in den letzten Jahren in erfreulichster Weise entwickelt haben. In diesem Zustande würde mit dem Inkrafttreten der erwähnten Vereinbarung eine wesentliche Aenderung gegeben sein.

Was zunächst die dem Handel aufzuerlegenden Zölle anlangt, so sollen dieselben während der ersten zehn Jahre in Gemäßheit des zur Zeit bestehenden Mozambique-Tarifs erhoben werden. Würde hiernach mit Ablauf der zehn Jahre einer Erhöhung der Zölle nichts im Wege stehen, so ist auch der Mozambique-Tarif keineswegs als ein mäßiger zu bezeichnen. Nach den von der meistbetheiligten Handelskammer zu Manchester gemachten Vorstellungen werden gerade die hauptsächlichsten Ausfuhrartikel nach dem Kongogebiete, als da sind einfache ungebleichte Baumwollwaaren, Gewehre und Spirituosen um 30 bis 35 Prozent, 100 Prozent und 120 bis 165 Prozent vertheuert, und von den genannten Artikeln liefert wiederum Deutschland hauptsächlich die prozentual am stärksten belasteten.

Wird hierzu in Erwägung gezogen, daß auch die Ausfuhr aus dem Kongogebiete wieder mit Zöllen belastet ist, so wird die Uebertragung des Mozambique-Tarifs auf das Kongogebiet schwerlich als eine besondere Konzession von Seiten Portugals angesehen werden.

Desgleichen kann eine Errungenschaft nicht darin erblickt werden, daß die portugiesische Regierung in dem Uebereinkommen freie Schifffahrt auf dem Kongo, freie Durchfuhr der Waaren durch das Küstengebiet nach dem oberen Kongo und freie Küstenschifffahrt in dem ganzen in Frage kommenden Gebiete zusichert. Abgesehen davon, daß diese Vortheile bereits heute thatsächlich bestehen, muß befürchtet werden, daß dieselben durch Verwaltungsmaßregeln der portugiesischen Regierung vielfach wieder illusorisch gemacht werden. Faßt man die engherzige Praxis der portugiesischen Zollbehörden in den überseeischen portugiesischen Besitzungen ins Auge, so wird beispielsweise die Zusicherung der freien Durchfuhr kaum eine Beruhigung für die betheiligten Kreise gewähren. Die auch bei freier Durchfuhr erforderliche Vorführung der Waaren, die damit zusammenhängenden Unkosten, der Aufenthalt, welcher durch die Vorführung entsteht, ganz zu schweigen von direkten Chikanen, müssen als eine wesentliche Verschlechterung gegenüber dem derzeitigen, völlig freien Durchfuhrverkehr angesehen werden.

Speziell an der Hand der Erfahrungen in den übrigen überseeischen portugiesischen Besitzungen muß die Handelskammer daher bestreiten, daß der ausgesprochene Zweck der Vereinbarung, au der Kongomündung geregelte Verhältnisse zu schaffen, dadurch herbeigeführt werde, daß dieselbe unter portugiesische Oberhoheit gestellt werde. Gerade der Zustand der portugiesischen Besitzungen an der Westküste Afrikas sollte dazu führen, zu verhindern, daß die portugiesische Regierung am Kongo festen Fuß faßt.

Ob dies in Anbetracht des zwischen der englischen und portugiesischen Regierung abgeschlossenen Vertrages möglich, ob es insbesondere ausführbar, was von den betheiligten Kreisen verschiedentlich gewünscht worden ist, das Kongogebiet zu einem neutralen zu erklären, muß die Handelskammer dahingestellt sein lassen. Jedenfalls glaubt sie sich aber dahin aussprechen zu sollen, daß es in hohem Grade erwünscht ist, die thunlichsten Kautelen zu erlangen, daß der Handel mit dem Kongogebiete nicht durch die Besitzergreifung Portugals die empfindlichste Schädigung erfahre. Indem sie die Mittel und Wege, wie dies zu erreichen, selbstverständlich dem Ermessen der Reichsregierung anheimstellen muß, will sie zum Schluß nicht unterlassen, auf das Bremische Interesse an der Frage einzugehen. Bremische Faktoreien bestehen in dem betreffenden Gebiete zur Zeit noch nicht, dagegen findet ein nicht unbedeutender indirekter Handel nach dem Kongo bereits heute statt, auch ist das Bremische Interesse in anderen Theilen der Westküste Afrikas ein sehr erhebliches.

Nach alledem kann die Handelskammer den Senat nur ersuchen, auch seinerseits für die thunlichste Aufrechterhaltung des freien Verkehrs an der Kongomündung bei der Reichsregierung eintreten zu wollen.

Die Handelskammer.

gez. J. H. Gildemeister,
d. z. Präses.

An den Senat zu Bremen.

№ 8.

Mannheim, den 16. Mai 1884.

Aus den öffentlichen Blättern der jüngsten Tage hat die tiefergebenst unterfertigte Handelskammer mit dankbarem Interesse davon Kenntniß genommen, daß der Herr Reichskanzler verschiedenen Handelskammern, welche sich wegen des beabsichtigten englisch-portugiesischen Kongovertrages um Schritte an Seine Durchlaucht gewendet haben, damit die an den Kongomündungen gelegene Küstenstrecke von 5° 12' bis 8° südlicher Breite von den europäischen Staaten als neutrales Gebiet anerkannt werde, geantwortet hat, daß er, der Herr Reichskanzler, diese Beschwerde gerechtfertigt erachte und die genannten Regierungen in Kenntniß gesetzt habe, daß seitens der deutschen Reichsregierung die Anwendbarkeit dieser Bestimmungen auf Angehörige des Deutschen Reichs nicht werde zugegeben werden. Während nun die uns bekannt gewordene Vorstellung der Handelskammer Solingen sich zumeist auf den durch den beabsichtigten englisch-portugiesischen Vertrag erschwerten Import nach dem Kongo bezieht, und ebenso jene der Hamburger Handelskammer, welche letztere allerdings auch den Export von Gummi, Guttapercha, Kautschuck, Wachs und Elfenbein berührt, ist unser Platz hauptsächlich in Bezug auf den Artikel Erdnüsse an dem Kongoverkehr interessirt. Nach der jüngsten Jahresstatistik beträgt die Jahreseinfuhr im Jahre 1883 an Erdnüssen (Position 9 g des Zolltarifs) im Deutschen Reich 126 145 Doppelzentner. Davon ist ein sehr bedeutender Theil via Rotterdam nach Mannheim gelangt, dessen Einfuhr an Oelsämereien überhaupt für die Versorgung der Fabriken in Mannheim, Mauer, Heilbronn, Obertürkheim ꝛc. sich von 1882 auf 1883 fast verdoppelt, gegen 1880 vervierfacht und zuletzt 241 514 Doppelzentner betragen hat.

Die Folgen des englisch-portugiesischen Vertrages auf alle Import- und Exportartikel des Kongo haben die beiden erwähnten Denkschriften so klar gekennzeichnet, daß wir sie um so weniger für diesen speziellen Artikel zu beleuchten brauchen, als die diesbezügliche Beschwerde seitens der Hohen deutschen Regierung ja bereits anerkannt ist. Dagegen dürfte für den Artikel Erdnüsse noch der besondere Umstand hier Erwähnung finden, daß diese Oelfrüchte, soweit sie nämlich zur Fabrikation feinerer Oele zu Speisezwecken bestimmt sind, speziell dem Kongogebiet vorwiegend, wenn auch nicht ganz ausschließlich, eigenthümlich sind. Außerdem kommen als Produktionsländer meist nur noch französische Kolonien in Betracht. Nun ist es gerade der deutschen Oelindustrie seit wenigen Jahren gelungen, zunächst in Folge der diesbezüglichen Bestimmungen des neuen Zolltarifs vom 15. Juli 1879 die früher sehr entwickelte und mächtige französische Oelindustrie mit Erfolg zu bekämpfen. Es würde aber nach dem Gesagten der erwähnte Kongovertrag in Bezug auf diesen Artikel wenigstens, die französischen Oelfabriken künftig gar nicht weiter behindern, im Gegentheil, dieselben könnten vielleicht noch von der französischen Regierung durch Exportbegünstigungen aus den französischen Kolonien einen weiteren Vorsprung vor ihren deutschen Mitbewerbern erlangen. So wäre also gerade die deutsche Industrie feinerer Oele zu Speisezwecken allein durch den Kongovertrag schwer benachtheiligt und in ihrer bisherigen Ueberlegenheit gefährdet. Ueberhaupt wäre zu befürchten, daß Portugal, unter dessen Oberhoheit bereits die Exportationsgebiete von Erdnüssen an der Ostküste Afrikas stehen,

— 15 —

für den Fall der Perfektion des Vertrags, abgesehen von Senegambien und den angrenzenden Ländern, so ziemlich den ganzen afrikanischen Handel an Erdnüssen unter seinen Einfluß zu stellen vermöchte, während sich die anderen in Betracht kommenden wichtigeren Gebiete in den Händen der größten Konkurrenten der einschlägigen deutschen Industrie, der Franzosen, befänden. Um so wichtiger ist daher die hoch dankenswerthe Intervention der Kaiserlichen Regierung, und glaubten wir nicht unterlassen zu sollen, auf dieses spezielle Moment behufs etwaiger Ergänzung der einschlägigen Materialien noch ganz besonders hiermit hinzuweisen.

In tiefster Ehrerbietung

(Unterschriften.)

An
das Reichsamt des Innern.

№ 9.

(Auszug.)

Berlin, den 18. April 1884.

Aus Euer Hochwohlgeboren Mittheilungen, bezw. aus den dort den Kortes und in England dem Parlament vorgelegten Dokumenten habe ich ersehen, daß das Kabinet von Lissabon in der bis noch vor Kurzem von dem Londoner Kabinet als nach Lage der Verhältnisse nothwendig bezeichneten internationalen Regelung des Handels am unteren Kongo eine den politischen Interessen Portugals zusagende Lösung der Frage nicht erkannt und der Einsetzung einer nur aus portugiesischen und englischen Delegirten zusammengesetzten Kommission den Vorzug gegeben hat.

Die portugiesische Regierung ist nicht in der Lage, die den Handel betreffenden Bestimmungen des mit England abgeschlossenen Vertrages auf die Angehörigen anderer Nationen ohne Weiteres anzuwenden.

Sogar in England werden ungeachtet der erheblichen Gegenleistungen und Vortheile, welche England durch den Vertrag vom 26. Februar d. J. erwirbt, jene Bestimmungen von dem Handelsstand als nachtheilig bezeichnet.

Die portugiesische Regierung hat um so weniger Aussicht die von dem Herrn Minister du Bocage Euer Hochwohlgeboren gegenüber geäußerte Auffassung zur allgemeinen Geltung zu bringen, als selbst die englische Regierung im Laufe der Verhandlungen wiederholt erklärt hat, daß die Abmachungen über den Handel am Kongo ohne Zustimmung der anderen Mächte für Portugal werthlos bleiben müßten. Ich verweise in dieser Beziehung u. A. auf die Noten Lord Granvilles an den portugiesischen Gesandten d'Antas in London vom 15. März und 1. Juni v. J. In der letzteren gebrauchte der englische Staatssekretär den Ausdruck »futility of a mere dual arrangement between the two Countries, unrecognized by other Powers«.

Was uns anbelangt, so haben wir in Rücksicht auf die befreundete portugiesische Regierung uns jeder Einmischung in seine Verhandlungen mit England und anderen

Mächten über die territoriale Seite der Kongofrage enthalten, so lange wir die Interessen des deutschen Handels durch die wiederholten und amtlichen Erklärungen der an diesen Verhandlungen betheiligten Regierungen, daß die Freiheit des Handels in dem Kongogebiet für alle Nationen fortbestehen solle, für gesichert erachten konnten.

Die in dem portugiesisch-englischen Vertrag vereinbarten Bestimmungen, betreffend den fremden Handel, entsprechen jedoch keineswegs jener Voraussetzung, und sind wir daher nicht in der Lage, der Anwendbarkeit derselben auf die Angehörigen des Reichs zuzustimmen.

Der deutsche Handelsstand hat durch das Organ der Handelskammern Protest hiergegen erhoben. Es wird zunächst geltend gemacht, daß das bisherige portugiesische Kolonialsystem sich für die Entwickelung des Handels mit den Besitzungen Portugals als überaus hinderlich erwiesen habe. Die Beschwerden richten sich ferner gegen die differenzielle Behandlung Fremder und der Nationalen, gegen die hohen Zolltarife und gegen andere Erschwernisse des Verkehrs, endlich gegen mancherlei Mißbräuche seitens der Kolonialbeamten.

Die Kaiserliche Regierung ist deshalb nicht in der Lage, den portugiesisch-englischen Vertrag vom 26. Februar d. J. als für das Reich und seine Angehörigen verbindlich anzusehen.

Euer Hochwohlgeboren ersuche ich ergebenst, Sich dem Königlichen Herrn Minister der auswärtigen Angelegenheiten gegenüber in vorstehendem Sinne zu äußern.

gez. Graf Hatzfeldt.

An
den Kaiserlichen Gesandten Herrn von Schmidthals Hochwohlgeboren,
Lissabon.

№ 10.

(Auszug.)

Lissabon, den 30. April 1884.

In Folge des Hohen Erlasses vom 18. b. M., die Kongofrage betreffend, habe ich mit dem Minister des Aeußern eine Unterhaltung gehabt, in deren Verlauf ich ihm den Inhalt desselben mittheilte.

Herr du Bocage bemerkte, England habe Portugal gegenüber die Verpflichtung übernommen, seinen Einfluß für die Anerkennung der portugiesischen Souveränität am Kongo seitens der übrigen Mächte geltend zu machen. Die von der deutschen Handelskammer erhobenen Klagen müsse er als übertrieben bezeichnen.

Heute suchte mich der Minister in meiner Wohnung auf und gab die Erklärung ab, daß die portugiesische Regierung an dem Vertrage vom 26. Februar festhalten müsse, bis die Frage der Ratifizirung desselben durch England entschieden sei.

Herr du Bocage erklärte mir wiederholt, die portugiesische Regierung sei bereit, den deutschen Handelsinteressen volle »Satisfaktion« zu geben; nur bezüglich des Kongogebiets sei dieselbe durch den gegenwärtigen Vertrag an England gebunden.

gez. Graf Rex.

Seiner Durchlaucht dem Fürsten von Bismarck.

№ 11.

(Auszug.)

Berlin, den 17. April 1884.

Euerer Durchlaucht beehre ich mich anbei einen Bericht des Kaiserlichen Botschafters in London vom 21. v. M.*) über den am 26. Februar d. J. zwischen England und Portugal abgeschlossenen Kongovertrag zur gefälligen Information zu übersenden Derselbe bestätigt die durch die Verhältnisse begründete Annahme, daß die französische Regierung nicht gewillt ist, sich den in diesem Vertrage enthaltenen Bestimmungen, betreffend die Handels-Schiffahrts- und Zollverhältnisse, als für französische Angehörige verbindlich anzuerkennen. Auch wir sind nicht gesonnen, diese Bestimmungen als anwendbar auf die Angehörigen des Reichs hinzunehmen. Nicht nur, daß der deutsche Handelsstand hiergegen Protest erhebt, weil der nach dem Vertrage bei der Zollerhebung in dem unteren Kongogebiet zu Grunde zu legende Tarif von Mozambique vom Jahre 1877 auf die deutschen Exportinteressen nach dem Kongo ganz besonders nachtheilig wirken würde, sondern auch, weil wir es überhaupt nicht für zulässig erachten, daß eine einzelne Macht derartige Fragen von allgemeinem Interesse ohne Mitwirkung der anderen betheiligten Länder nach ihrem einseitigen Interesse zu regeln versucht. Wir glauben vielmehr, daß es sich empfehlen wird, gegenüber der durch diesen Vertrag geschaffenen Lage eine gemeinsame Haltung einzunehmen und das Prinzip der Solidarität und Gleichberechtigung zur Geltung zu bringen, welches seit längerer Zeit bei Behandlung der Fragen von handelspolitischem Interesse in Ostasien zur Herrschaft gelangt ist.

Einstweilen ist der Kaiserliche Gesandte in Lissabon angewiesen, der portugiesischen Regierung mitzutheilen, daß wir den Kongovertrag nicht als für uns verpflichtend anerkennen.

Ich behalte mir vor, Euerer Durchlaucht nach Eingang einer Antwort aus Lissabon eine weitere Mittheilung in der Sache zugehen zu lassen. Inzwischen würde es mir erwünscht sein, zu erfahren, welche Stellung die französische Regierung gegenüber dem Kongovertrage eingenommen hat, und ob sie geneigt wäre, sich mit uns und den Regierungen der anderen an dem westafrikanischen Handel betheiligten Länder über Herbeiführung einer internationalen Regelung dieser Frage zu verständigen.

*) Anmerkung. Vergl. № 2.

Euerer Durchlaucht gefälligem Berichte über die Ihren vertraulichen Eröffnungen zu Theil werdende Aufnahme werde ich mit lebhaftem Interesse entgegensehen.

Nachschrift.

Berlin, den 19. April 1884.

Baron Courcel hat die Frage gestern im Auftrage seiner Regierung mit mir besprochen. Derselbe theilte mir mit, daß seine Regierung in Lissabon bereits eine entschiedene Verwahrung gegen die Verbindlichkeit des Londoner Vertrags für Frankreich eingelegt habe, und sprach den Wunsch aus, unsere Auffassung zu kennen.

Ich habe dem Botschafter erwidert, es stehe einstweilen für uns fest, daß wir erhebliche Handelsinteressen im Kongogebiete hätten, die wir nicht aufgeben könnten; wir könnten auch nicht zugeben, daß über diese Interessen ohne unsere Mitwirkung von anderer Seite getroffene Abmachungen für uns verbindlich wären.

Endlich glaubten wir, daß andere Regierungen mit uns ein gleiches Interesse an der Sache hätten und daß eine gemeinschaftliche Behandlung derselben sich daher empfehlen würde. Auf Detailfragen, wie z. B. die Frage einer Commission mixte, könne ich heute noch nicht eingehen, behielt mir aber vor, darauf zurückzukommen.

gez. Graf Hatzfeldt.

An
den Kaiserlichen Botschafter, Fürsten von Hohenlohe, Durchlaucht
in Paris.

№ 12.

Paris, den 24. April 1884.

In Gemäßheit des Hohen Erlasses vom 17. d. M., betreffend den zwischen England und Portugal abgeschlossenen Kongovertrag, habe ich mich vertraulich nach der Stellung erkundigt, welche die französische Regierung gegenüber dem Vertrage eingenommen hat. Sowohl der Minister, wie Herr Billot, sagten mir, die französische Regierung habe in Lissabon erklärt, daß Frankreich den Vertrag nicht anerkenne und sich den darin enthaltenen Bestimmungen über die Zollerhebung in dem unteren Kongogebiet nicht unterwerfen werde. Ebenso, wie die Kaiserliche Regierung, hält es die französische Regierung nicht für zulässig, daß eine einzelne Macht Fragen von allgemeinem Interesse ohne Mitwirkung der anderen betheiligten Länder einseitig zu regeln versuche. Die französische Regierung ist bereit, sich mit den übrigen Mächten über eine gemeinsame Haltung zu verständigen, und der Gedanke, das Prinzip der Gleichberechtigung in derselben Weise zur Geltung zu bringen, wie dies bei Behandlung handelspolitischer Fragen in Ostasien zur Anerkennung gelangt ist, fand bei dem Minister volle Zustimmung. Auch Herr Billot sprach sich in derselben Weise zustimmend aus und hält die Einführung einer internationalen Kommission für den Kongo, die der bestehenden Donaukommission nachgebildet werden könnte, für eine günstige Lösung. Uebrigens glaubt Herr Jules Ferry, daß die Frage für jetzt an Bedeutung verlieren werde, da der Vertrag in England auf großen Widerspruch stoße und wohl kaum aufrecht erhalten werden würde.

gez. Hohenlohe.

Seiner Durchlaucht dem Fürsten von Bismarck.

№ 13.

(Auszug.)

Berlin, den 19. April 1884.

Der Königlich niederländische Geschäftsträger zu Lissabon hat Herrn von Schmidthals gegenüber die Bedeutung der niederländischen Interessen am Kongo zur Sprache gebracht und deren Identität mit den deutschen konstatirt.

Die Kaiserliche Regierung ist auch ihrerseits von dieser Identität der Interessen beider Länder auf diesen und ähnlichen Gebieten durchdrungen und daher für den durch jene Mittheilung gegebenen Beweis freundnachbarlichen Entgegenkommens dankbar.

Wir glauben, daß es sich empfehlen würde, diese Interessengemeinschaft mit uns, welche wir auch bei anderen Ländern, die mit Westafrika Handel treiben, mehr oder minder voraussetzen, bei weiterer Behandlung der Frage zum Ausdruck zu bringen.

Wir haben einstweilen das Lissaboner Kabinet durch Herrn von Schmidthals davon in Kenntniß gesetzt, daß wir die in dem portugiesisch-englischen Vertrage enthaltenen Bestimmungen, betreffend Handels-, Schiffahrts- und Zollverhältnisse am Kongo nicht als verbindlich für das Reich und seine Angehörigen erachten.

Ich glaube annehmen zu sollen, daß auch andere an dem Handel mit Westafrika betheiligte Länder nicht gesonnen sind, den Londoner Vertrag als für sie verpflichtend anzuerkennen und daß es daher möglich sein wird, sich über eine gemeinsame Haltung gegenüber der durch diesen Vertrag geschaffenen Lage zu verständigen.

Die großbritannische Regierung hatte, wie die über diese Frage den Parlamenten in London und Lissabon vorgelegten Blau- und Weißbücher ergeben, im Laufe der Verhandlungen selbst wiederholt die Ansicht vertreten, daß die Kongofrage einer internationalen Regelung bedürfe. Jedenfalls halten wir es für angezeigt, daß die an diesen Verhandlungen bisher nicht betheiligt gewesenen Regierungen jetzt ihren Anspruch auf Theilnahme bei der Regelung der Handelsverhältnisse in solchen bisher für alle Nationen freien Gebieten zur Geltung bringen und der Annahme entgegentreten, als ob sie einer einzelnen Macht das Recht einräumten, solche Fragen einseitig zu regeln.

Euer Hochwohlgeboren ersuche ich ergebenst, sich dem Königlichen Herrn Minister der auswärtigen Angelegenheiten gegenüber in vorstehendem Sinne zu äußern und über die dortseitige Auffassung gefälligst zu berichten.

gez. Graf Hatzfeldt.

An
den Kaiserlichen Gesandten Herrn von Alvensleben, Hochwohlgeboren
im Haag.

№ 14.

(Auszug.)

Haag, den 27. April 1884.

In Erledigung des Hohen Erlasses vom 19. d. M., betreffend den in London am 26. Februar d. J. abgeschlossenen Kongovertrag, habe ich die Ehre Euerer Durchlaucht gehorsamst zu berichten, daß ich in der mir darin vorgeschriebenen Weise mich gegen den niederländischen Herrn Minister des Aeußern ausgesprochen habe.

Derselbe gab seiner lebhaften Genugthuung Ausdruck über die ihm bereits durch Herrn von der Hoeven gemeldete Auffassung der Kaiserlichen Regierung von dieser Angelegenheit und konstatirte mit sichtlicher Befriedigung, daß sich daraus und weiter aus meinen heutigen Mittheilungen die Identität der Interessen sowie der Bedenken beider Staaten gegen den Vertrag ergebe. Es entspräche durchaus den diesseitigen Wünschen, so bemerkte er, daß diese Interessengemeinschaft bei weiterer Behandlung der Sache zum Ausdruck gelange.

Herr van der Hoeven sei inzwischen mit den erforderlichen Instruktionen, um über diese Angelegenheit im Sinne des Vorstehenden weiter verhandeln zu können, versehen worden, und ebenso sei auch an die diesseitigen Vertreter in London und Lissabon die Weisung ergangen, sich mit den Vertretern des deutschen Reichs und der in gleicher Weise hierbei interessirten Mächte ins Benehmen zu setzen.

gez. Alvensleben.

An
Seine Durchlaucht den Fürsten von Bismarck.

№ 15.

Erlaß an den Kaiserl. Gesandten in Madrid vom 21. April 1884.

Inhalt, analog dem Erlasse an den Kaiserl. Botschafter in Paris vom 17. April 1884 (№ 11).

№ 16.

Madrid, den 18. Mai 1884.

Den Inhalt Euerer Durchlaucht Hohen Erlasses vom 21. v. M., betreffend die durch den englisch-portugiesischen Kongovertrag vom 26. Februar d. J. geschaffene Lage, habe ich nicht verfehlt zum Gegenstande einer vertraulichen Besprechung mit dem Staatsminister Herrn Elduayen Marquis del Pazo de la Merced zu machen.

Derselbe war bereits von unserer Auffassung bezüglich dieser Angelegenheit unterrichtet, kannte auch die von uns in Lissabon abgegebene Erklärung, wonach wir den Vertrag für uns als nicht verpflichtend anerkennen, sagte jedoch, daß er bis jetzt noch nicht Zeit gehabt habe, diese Angelegenheit mit seinen Kollegen zu berathen.

Der Minister theilt die Ansicht, daß derartige Fragen ohne Mitwirkung der anderen betheiligten Länder von einzelnen Mächten nach deren Sonderinteressen nicht geregelt werden können und hält es auch seinerseits für zweckmäßig, handelspolitische Fragen mit den betheiligten Mächten möglichst gemeinsam zu lösen.

gez. Graf Solms.

Seiner Durchlaucht dem Fürsten von Bismarck.

№ 17.

Berlin, den 29. April 1884.

Die Organe des deutschen Handelsstandes haben mit großer Uebereinstimmung den zwischen England und Portugal am 26. Februar d. J. abgeschlossenen Vertrag über den Kongo als den deutschen Handelsinteressen nachtheilig erklärt; wir würden deshalb der Anwendung der den fremden Handel betreffenden Bestimmungen dieses Vertrages auf die Angehörigen des Reichs nicht zustimmen können, wenn derselbe von den beiden Kontrahenten wirklich in Kraft gesetzt werden sollte.

Wir sind indeß überzeugt, daß sich eine den allgemeinen Bedürfnissen des Handels mit Afrika entsprechende Verständigung finden lassen wird, sobald die hieran betheiligten Regierungen sich dieserhalb in das Einvernehmen setzen.

Euere Excellenz ersuche ich ergebenst sich gefälligst in diesem Sinne gegen Lord Granville auszusprechen.

gez. Graf Hatzfeldt.

An
den Kaiserlichen Botschafter Herrn Grafen zu Münster Excellenz,
London.

№ 18.

London, den 1. Mai 1884.

Den Inhalt des Hohen Erlasses vom 29. v. M., betreffend den zwischen England und Portugal am 26. Februar d. J. abgeschlossenen Vertrag über den Kongo, habe ich nicht verfehlt, zur Kenntniß der hiesigen Regierung zu bringen.

Lord Granville theilte mir mit, daß eine Note an die portugiesische Regierung in Vorbereitung sei, welche mit Rücksicht auf den Widerspruch, den der Vertrag bei verschiedenen Mächten hervorgerufen, die Wiederaufnahme der Verhandlungen in Vorschlag bringt.

Lord Granville glaubt, daß es gelingen wird, von der portugiesischen Regierung die Einsetzung einer internationalen Kommission anstatt der projektirten englisch-portugiesischen zu erlangen.

Was den von verschiedenen Seiten angegriffenen Tarif betrifft, so sei eine Erhöhung desselben nur mit Bezug auf Pulver und Schußwaffen eingetreten.

gez. Münster.

Seiner Durchlaucht dem Fürsten von Bismarck.

№ 19.

Erlaß an den Kaiserlichen Botschafter in Rom vom 2. Mai 1884.

Inhalt, analog dem Erlasse an den Kaiserlichen Botschafter in Paris vom 17. April 1884 (№ 11).

№ 20.

Rom, den 11. Mai 1884.

In Erledigung des Hohen Erlasses vom 2. d. M., den englisch-portugiesischen Kongovertrag betreffend, beehre ich mich gehorsamst zu melden, wie Herr Mancini sich damit einverstanden erklärt hat, daß es sich empfiehlt, für die Regelung der afrikanischen Handelsverhältnisse das Prinzip der Solidarität und Gleichberechtigung der bestehenden Handelsverbindungen zur Geltung zu bringen. Er ersuchte mich, genaue Bezeichnung derjenigen Punkte, durch welche der fragliche Vertrag die Handelsinteressen anderer Nationen verletze, sowie einen Vorschlag über die geschäftliche Behandlung dieser Angelegenheit in Anregung zu bringen.

gez. von Keudell.

Seiner Durchlaucht dem Fürsten von Bismarck.

№ 21.

(Auszug.)

Berlin, den 4. Mai 1884.

Bezüglich der Kongofrage würde es mir von Interesse sein, zu erfahren, ob die Regierung der Vereinigten Staaten der in Sec. II der Joint Resolution des Senats erwähnten Aufforderung, die anderen Mächte zur gemeinsamen Behandlung dieser Angelegenheit einzuladen, Folge zu geben beabsichtigt. Die Resolution hatte ein allgemeines Abkommen im Auge, welches die Freiheit der Schiffahrt auf dem ganzen Kongo und seinen Nebenflüssen für die Angehörigen und den Handel aller Nationen bezweckte.

Die von Herrn Morgan am 26. Februar d. J. dem Komité für die auswärtigen Angelegenheiten unterbreitete Resolution erwähnte einen Passus aus der letzten Botschaft des Präsidenten der Vereinigten Staaten, worin angeführt wurde, daß die Internationale Afrikanische Assoziation keine dauernde politische Kontrole, sondern die Neutralität des Kongobeckens von der Mündung bis zu den Quellen dieses Flusses anstrebe. Auch jene Resolution verlangte ein Einvernehmen mit den anderen Mächten, um in diesem ganzen Gebiet freien Handel zu Wasser und zu Lande für Jedermann zu sichern.

Insoweit es sich um den am 26. Februar d. J. in London zwischen England und Portugal abgeschlossenen Vertrag über den Kongo handelt, befinden wir uns mit der Regierung der Vereinigten Staaten bereits in Uebereinstimmung. Denn wir haben den Kabineten von London und Lissabon mitgetheilt, daß wir der Anwendung der den fremden Handel betreffenden Bestimmungen dieses Vertrages auf die Angehörigen des Reichs nicht zustimmen würden, auch wenn der Vertrag von den beiden Kontrahenten in Kraft gesetzt werden sollte. Hierzu sind wir zunächst durch Eingaben der

Organe des deutschen Handelsstandes veranlaßt worden, worin dieser Vertrag übereinstimmend als nachtheilig für die deutschen Handelsinteressen in Afrika bezeichnet wird. Wie Nordamerika, so erstreben auch wir für uns keine Privilegien, wünschen aber, daß die Verhältnisse im Kongogebiet nicht nach den Interessen einzelner Mächte, sondern mit Rücksicht auf die Bedürfnisse aller an dem dortigen Handel betheiligten Nationen geregelt werden.

Zugleich halten wir es für zweckmäßig, bei dem ersten sich bietenden Anlasse das Prinzip der Solidarität und Gleichberechtigung, welches seit Jahren mit Erfolg bei Regelung der Handelsverhältnisse in Ostasien Anwendung gefunden hat, auch in Afrika zur Geltung zu bringen.

Euer Hochwohlgeboren ersuche ich ergebenst, sich gefälligst in vorstehendem Sinne gegenüber dem Herrn Staatssekretär auszusprechen.

gez. Graf Hatzfeldt.

An
den Kaiserlichen Gesandten Herrn von Eisendecher Hochwohlgeboren,
Washington.

№ 22.

(Auszug.)

Washington, den 21. Mai 1884.

Euerer Durchlaucht Hohen Erlaß vom 4. d. M., betreffend die Kongofrage, hatte ich die Ehre zu erhalten.

Die hiesige Regierung ist bisher, wie Herr Frelinghuysen mir vertraulich mittheilt, mit keiner anderen Regierung über die Angelegenheit in Verhandlung getreten, sie hat auch zunächst nicht die Absicht das zu thun, wünscht aber keine Privilegien für sich allein, sondern eine Regelung der Verhältnisse und des Handels am Kongo unter Berücksichtigung der Interessen aller betheiligten Nationen.

Mr. Frelinghuysen legt Gewicht darauf, daß alle interessirten Nationen am Kongo die gleichen Vorrechte genießen und kann den Bestimmungen des englisch-portugiesischen Vertrages nicht zustimmen.

gez. v. Eisendecher.

Seiner Durchlaucht dem Fürsten von Bismarck.

№ 23.

(Auszug.)

Berlin, den 5. Mai 1884.

Was die Kongofrage betrifft, so wünschen wir keine Privilegien für uns, aber eine Regelung, welche unserem Handel in den bisher unabhängigen Gebieten volle Gleichberechtigung mit dem Handel jeder anderen Nation sichert und ihn gegen Verdrängung aus seinen, in friedlicher Arbeit errungenen Positionen, oder gegen Verkürzung der Möglichkeit seiner Ausbreitung und Entwickelung in einem Welttheil schützt, für dessen Erschließung auch Deutschland erhebliche Anstrengungen durch muthige Forscher und unternehmende Kaufleute gemacht und große Opfer gebracht hat.

Die im Lauf der Verhandlungen zwischen England und Portugal erfolgten amtlichen Kundgebungen beider Regierungen hatten zu der Annahme berechtigt, daß die bestehende Handels- und Verkehrsfreiheit im ganzen Kongobecken durch keine territorialen Arrangements beeinträchtigt werden werde.

Dieser Annahme hat der Inhalt des am 26. Februar d. J. in London unterzeichneten Vertrages nicht entsprochen; wir sowohl, wie andere Regierungen haben deshalb in Lissabon und in London erklärt, daß wir die den fremden Handel betreffenden Bestimmungen des englisch-portugiesischen Vertrages für uns und unsere Angehörigen nicht als verpflichtend ansehen würden.

Einer Meldung der Kaiserlichen Gesandtschaft in Lissabon vom 30. v. M.*) zu Folge hält die portugiesische Regierung an dem Vertrage vom 26. Februar d. J. fest, bis die Frage der Ratifizirung derselben durch England entschieden ist. Wie ich aus Eurer Excellenz gefälligem Bericht vom 1. d. M.**) ersehe, will Lord Granville mit Rücksicht auf den Widerspruch, welchen der Vertrag bei verschiedenen Mächten hervorgerufen hat, die Wiederaufnahme der Verhandlungen in Lissabon vorschlagen. Es ist nicht ersichtlich, ob die großbritannische Regierung hierbei an eine neue nur mit Portugal zu führende Verhandlung denkt, oder ob ihr die Absicht vorschwebt, eine Verständigung mit den anderen interessirten Mächten über eine neue Vertragsbasis zu suchen.

Es erscheint daher zeitgemäß, das Londoner Kabinet auf die Nützlichkeit des letzteren Verfahrens aufmerksam zu machen, welches seit langer Zeit und mit gutem Erfolg auch bei Regelung der Handelsbeziehungen in Ostasien auf der Basis der Solidarität und Gleichberechtigung der Mächte zur Anwendung gekommen ist.

Lord Granville erkannte die Nothwendigkeit der Zustimmung der anderen an dem Handel im Kongogebiet interessirten Mächte zu den Abmachungen zu Zweien noch in der Note an Herrn d'Antas vom 1. Juni v. J. mit den Worten an: »futility of a mere dual arrangement between the two countries, unrecognized by other Powers«.

Der Vertrag vom 26. Februar d. J. hat zunächst zur Folge gehabt, die Ansprüche Portugals gegenüber dem fremden Handel zu steigern.

---

*) Anmerkung. Vergl. № 10.
**) Anmerkung. Vergl. № 18.

Bisher ist nicht zu erkennen, daß man sich in Lissabon von der Nothwendigkeit überzeugt hat, den von dem Handelsstande aller Nationen erhobenen Einspruch gegen die Erweiterung des portugiesischen Kolonialbesitzes durch eine zeitgemäße Reform des portugiesischen Kolonialsystems Rechnung zu tragen.

Zur Verhütung von Reibungen unter den Angehörigen befreundeter Nationen wird eine Verständigung unter allen interessirten Mächten über bestimmte Grundlagen für die Regelung der Verhältnisse in dem Kongobecken herbeizuführen sein.

Euere Excellenz wollen Sich in diesem Sinne Lord Granville gegenüber aussprechen und hierbei einfließen lassen, wie schon vielfach in der europäischen, auch der englischen Presse der Vorschlag einer Neutralisirung solcher Gebiete gemacht worden und daß dieser Gedanke kürzlich auch in Resolutionen des amerikanischen Senats und Kongresses zum Ausdruck gelangt ist.

Einem gefälligen Bericht über die Aufnahme Ihrer Mittheilungen werde ich mit Interesse entgegensehen.

gez. Graf Hatzfeldt.

An den Kaiserlichen Botschafter Herrn Grafen zu Münster Excellenz,
London.

№ 24.

(Auszug.)

Paris, den 29. Mai 1884.

Ich hatte gestern Gelegenheit, mich mit dem französischen Herrn Ministerpräsidenten über den portugiesischen Vorschlag einer Kongokonferenz zu unterhalten. Herr Ferry sagte mir, er sei zur Theilnahme an einer internationalen Konferenz über die Kongofrage gern bereit. Dieselbe werde die Aufgabe haben, allen civilisirten Nationen freie Schiffahrt und gleiche Rechte auf dem Kongo zu sichern. Seiner Ansicht nach werde dieser Zweck am besten in der Weise erreicht werden, daß die Aufsicht über den gedachten Strom einer internationalen Kommission übertragen würde. Einer solchen Aufsicht könne sich Frankreich unterwerfen, nicht aber einer englisch-portugiesischen oder ausschließlich englischen Kontrole.

Mit der Regulirung der territorialen Verhältnisse im Kongogebiete werde die Konferenz nicht zu befassen sein, da die Lage der hierauf bezüglichen Rechtsansprüche eine zu verwickelte sei.

gez. von Bülow.

Seiner Durchlaucht dem Fürsten von Bismarck.

№ 25.

(Auszug.)

Berlin, den 5. Juni 1884.

Euer Hochwohlgeboren gefälligen Bericht vom 29. v. M. habe ich erhalten. Der Reichskanzler hat die Vorschläge des französischen Ministerpräsidenten durchaus zweckentsprechend und annehmbar befunden. Ich ersuche Euer Hochwohlgeboren Herrn Ferry mitzutheilen, daß wir bereit seien, auf der Basis jener Vorschläge uns über eine gemeinsame Behandlung der Kongofrage mit Frankreich zu verständigen.

gez. Graf von Hatzfeldt.

An
den Kaiserlichen Geschäftsträger Herrn von Bülow Hochwohlgeboren,
Paris.

№ 26.

(Uebersetzung.)

Auswärtiges Amt (London), den 26. Mai 1884.

Euerer Excellenz ist bekannt, daß der am 26. Februar d. J. unterzeichnete Vertrag mit Portugal, betreffend die Westküste von Afrika, noch nicht ratifizirt worden ist. Sie werden beim Durchlesen der meiner Depesche Nr. 4 vom 22. d. M. beigefügten Schriftstücke ersehen, daß gegenwärtig die Wahl von neuen Cortes, welchen der Vertrag zur Ratifikation vorgelegt werden muß, erforderlich ist.

Dieser Aufschub hat eine günstige Gelegenheit geboten, um bis zu einem gewissen Grade die Ansichten der verschiedenen am Kongohandel interessirten Mächte über die Bestimmungen des Vertrages festzustellen. Das Ergebniß ist gewesen, daß die portugiesische Regierung einzusehen beginnt, daß ihr Widerstand gegen die Bestrebung Ihrer Majestät Regierung, eine Bestimmung, durch welche eine internationale Kommission auf dem Fluß eingesetzt würde, in den Vertrag aufzunehmen nicht unbedenklich war. Sie räth jetzt selbst dazu, andere Mächte zur Ernennung von Delegirten für die Kommission einzuladen.

Da Ihrer Majestät Regierung immer der Ansicht gewesen ist, die Kommission müsse eine internationale sein, und da sie der Bestimmung, dieselbe solle allein aus englischen und portugiesischen Kommissaren bestehen, nur mit Widerwillen zugestimmt hat, so hat sie diesen Meinungswechsel willkommen geheißen und nicht gezögert, die Ueberzeugung auszusprechen, daß die Zuziehung anderer Mächte räthlich sei.

Aus einer vertraulichen Mittheilung des Grafen Münster ist mir bekannt, daß die Aufmerksamkeit des Fürsten Bismarck durch die deutschen Handelskammern auf den Vertrag gelenkt worden ist. Ich möchte Euere Excellenz bitten, mit Seiner Durchlaucht vertraulich über den Gegenstand zu sprechen und zu fragen, ob er im Falle einer Einladung geneigt sein würde, einen deutschen Delegirten zu ernennen. Sie wollen dabei betonen, daß wir die Ansicht Seiner Durchlaucht kennen zu lernen wünschen, bevor wir mit anderen Mächten, deren Interessen berührt werden, in Verbindung treten.

Ich bitte Sie hinzufügen, daß Ihrer Majestät Regierung die Absicht hegt, die Wiederaufnahme der Verhandlungen über die Zusammensetzung der Kommission zu benutzen, um auch eine Erweiterung der Machtbefugnisse derselben zu erreichen. Seit der Unterzeichnung des Vertrages ist festgestellt worden, daß die Kaufleute befürchten, die portugiesischen Lokalbeamten würden lähmend wirken und sie würden mit Einrichtung und Durchführung der Zollbestimmungen nicht wohl betraut werden können; diese Befürchtung würde wegfallen, wenn die Aufgabe der Kommission übertragen würde. Wir werden daher bemüht sein, dieses Zugeständniß zu erlangen.

Besorgnisse sind auch zu Tage getreten bezüglich der Folgen der Einführung des Mozambique-Tarifs. Ihrer Majestät Regierung ist diesen Besorgnissen dadurch zuvorgekommen, daß sie die Zustimmung der portugiesischen Regierung zum Prinzip eines Maximalzolls von 10 Prozent auf alle Artikel mit Ausnahme von Tabak, Branntwein, Gewehren und Schießpulver erwirkt hat.

Fürst Bismarck wird zweifellos anerkennen, daß die obigen Vorschläge betreffend die Zusammensetzung und die Machtbefugnisse der Kommission und die Regulirung des Tarifs auf einer sicheren Grundlage wichtige Veränderungen zur Folge haben würden. Ihrer Majestät Regierung würde erfreut sein, zu erfahren, ob sie bei ihrem Bestreben, die allgemeine Aufsicht über den Handel auf den Flüssen auf Grund der in obiger Richtung modifizirten Vertragsbestimmungen zu einer internationalen zu gestalten, auf die Unterstützung der deutschen Regierung rechnen kann.

Ich bin ꝛc.

gez. Granville.

Seiner Excellenz dem Lord Ampthill.

№ 27.

Berlin, den 7. Juni 1884.

Euerer Excellenz beehre ich mich, anbei in Abschrift eine von Lord Ampthill mitgetheilte Depesche Lord Granville's vom 26. v. M., betreffend den englisch-portugiesischen Kongovertrag vom 26. Februar d. J., zur gefälligen Kenntnißnahme zu übersenden.

Auch mit den von der Königlich großbritannischen Regierung in der Anlage vorgeschlagenen Modifikationen würde, wie ich glaube, der Vertrag keine Aussicht auf allseitige Anerkennung haben. Die portugiesische Regierung selbst scheint, wie ich Euerer Excellenz bereits unter dem 20. v. M.*) mitzutheilen die Ehre hatte, sich in Folge der ihr zugegangenen Aeußerungen anderer Regierungen von der Nothwendigkeit überzeugt zu haben, die Kongofrage zum Gegenstand einer internationalen Regelung zu

---

*) Anmerkung. Nicht abgedruckt.

machen; sie hat deshalb bei verschiedenen Regierungen den Gedanken einer Konferenz angeregt.

Wir werden, wenn dieser Gedanke bei den an dem Kongohandel interessirten Mächten Anklang findet, gern bereit sein, einen deutschen Bevollmächtigten zur Betheiligung an den Verhandlungen zu ernennen.

Wir sind indeß nicht geneigt, die Gewährung von Vorzugsrechten an irgend eine der bei dem Kongohandel betheiligten Mächte als eine geeignete Grundlage der Unterhandlungen anzusehen. Portugal besitzt nach unserer Ansicht keinen stärkeren Anspruch auf das untere Kongogebiet als jede andere dort verkehrende Macht. Handel und Verkehr sind dort für alle Nationen bisher gleichmäßig von jeder Einschränkung frei gewesen.

Seine Majestät der Kaiser fühlt sich verpflichtet, dem deutschen Handel die Vortheile dieses bestehenden Zustandes auch für die Zukunft zu wahren und sie womöglich durch ein Uebereinkommen unter allen betheiligten Nationen zu befestigen.

Wir sind daher nicht in der Lage, der portugiesischen oder einer anderen Nation dort Vorrechte einzuräumen.

Die, wie Lord Granville konstatirt, von Kaufleuten aller Nationen geäußerte Befürchtung, daß die Thätigkeit portugiesischer Beamten lähmend für den Verkehr sein würde, theilen wir.

Gerade deshalb können wir nicht dazu mitwirken, daß, wenn zur Bestreitung von Einrichtungen, welche dem fremden Handel zu Gute kommen sollen, die Erhebung von Zöllen oder Abgaben überhaupt nothwendig werden sollte, die Verwaltung oder auch nur die Leitung dieser Einrichtungen portugiesischen Beamten übertragen werde.

Auch die Limitirung der auf Grund des Mozambique-Tarifs zu erhebenden Zölle auf die Maximalhöhe von 10 Prozent würde gegen die Nachtheile nicht schützen, welche der Handelsstand von einer Ausdehnung des portugiesischen Kolonialsystems auf Landstriche, welche bisher frei davon sind, mit Recht besorgt. Die Höhe von Werthzöllen bleibt immer unsicher, weil sie von der Schätzung des Werthes abhängt. Das Verfahren bei der Kontrole kann für den Handel noch beschwerlicher werden als die Höhe der Zölle.

Aber selbst wenn die über die portugiesischen Kolonialbeamten in der Handelswelt bestehenden ungünstigen Urtheile übertrieben sein sollten, so läge doch für uns kein Anlaß vor, die bisherige Freiheit und Gleichheit des Verkehrs zu Gunsten Portugals und zum Nachtheil aller anderen Nationen alteriren zu helfen.

Hierzu kommt noch, daß die in Aussicht genommene Festsetzung der Zölle auf 10 Prozent ad valorem noch werthloser werden würde, wenn einige der hauptsächlichen Importartikel — Tabak, Branntwein, Gewehre und Schießpulver — von dieser Festlegung des Zolles ausgenommen würden.

Im Interesse des deutschen Handels kann ich demnach nicht dazu beitragen, daß ein so wichtiges und bisher freies Küstengebiet der portugiesischen Kolonialverwaltung unterworfen werde. Wir sind dagegen gern zur Mitwirkung bereit, für die an dieser Frage interessirten Mächte eine allgemeine Verständigung anzustreben, um bei Regelung der Handelsverhältnisse in diesem afrikanischen Gebiete den seit längerer Zeit in Ostasien mit Erfolg angewandten Grundsatz der Gleichberechtigung und Interessengemeinschaft aller Nationen in geeigneten Formen zur Geltung zu bringen.

Euere Excellenz ersuche ich ergebenst, sich dem entsprechend Lord Granville gegenüber zu äußern. Auch sind Euere Excellenz ermächtigt, dem Herrn Minister Abschrift dieses Erlasses vertraulich mitzutheilen.

gez. von Bismarck.

An
den Kaiserlichen Botschafter Herrn Grafen zu Münster Excellenz,
Londen.

№ 28.

London, den 20. Juni 1884.

Der mir durch Hohen Erlaß vom 7. b. M. ertheilten Instruktion gemäß habe ich mit Lord Granville über den englisch-portugiesischen Kongovertrag gesprochen und habe dabei betont, daß auch mit den von englischer Seite vorgeschlagenen Modifikationen dieser Vertrag keine Aussicht auf allseitige Anerkennung habe. Lord Granville erwiderte mir, daß er allerdings zu seinem Bedauern sehe, daß dieser Vertrag bei den befreundeten Mächten große Bedenken erregt habe, er könne ja auch nicht leugnen, daß ein Theil des englischen Handelsstandes ebenso große Opposition dagegen mache.

Die englische Regierung habe bei Abschluß des Vertrages nur den Zweck gehabt, den Handel am Kongo möglichst allen Nationen zugänglich zu machen und ihn vor den Vexationen der Portugiesen zu schützen.

Lord Granville bemerkte, daß er keinen großen Werth auf den Vertrag lege, sich aber nicht ganz klar darüber sei, was an die Stelle treten solle. Portugal werde die Ansprüche auf jene Landstriche nicht fallen lassen, und mit Gewalt werde keine andere Macht gegen Portugal vorgehen wollen.

Ich erwiederte darauf, daß Portugal selbst den Wunsch zu erkennen gegeben habe, sich mit den Mächten auf dem Wege einer Konferenz zu verständigen, und doch auch von der Unhaltbarkeit des englisch-portugiesischen Vertrages sich scheine überzeugt zu haben.

Auf Wunsch Lord Granville's habe ich ihm, da ich dazu ermächtigt war, Abschrift des Hohen Erlasses vertraulich mitgetheilt.

gez. Graf zu Münster.

Seiner Durchlaucht dem Fürsten von Bismarck.

№ 29.

Telegramm.

London, den 26. Juni.

Die englische Regierung hat beschlossen, den Vertrag mit Portugal vom 16. Februar b. J. nicht zu ratifiziren.

Münster.

Auswärtiges Amt
Berlin.

№ 30.

(Auszug.)

Berlin, den 5. Juli 1884.

Baron Courcel hat nach der Rückkehr von seinem letzten Urlaub mir gegenüber unter Anderem der von Euerer Durchlaucht bereits berichteten Uebereinstimmung der französischen Regierung mit uns hinsichtlich der Nützlichkeit einer internationalen Regelung der Kongofrage Ausdruck verliehen. Die französische Regierung stehe auf demselben prinzipiellen Boden wie wir, sie wünsche die Freiheit des Handels und der Schiffahrt sicherzustellen, unter dem Vorbehalt der Regelung der territorialen Fragen.

Der Botschafter ließ zugleich einfließen, daß die französische Regierung zu einer gleichen Verständigung bezüglich des Niger geneigt sein würde, falls wir eine solche für wünschenswerth hielten. Ich war einige Tage später in der Lage, dem Baron Courcel mitzutheilen, daß der Herr Reichskanzler eine solche Vereinbarung hinsichtlich des Niger ebenfalls für angezeigt erachte.

Euere Durchlaucht bitte ich, bei gebotenem Anlasse Herrn Jules Ferry auch Ihrerseits zu sagen, daß wir sehr geneigt seien, dieser Anregung Frankreichs Folge zu geben.

Es gereiche uns zur Genugthuung, auch in diesem Punkte uns in Uebereinstimmung mit der französischen Regierung zu wissen. Wir hätten eine internationale Regelung der Handels- und Schiffahrtsverhältnisse am Niger auch unsererseits schon in den Bereich der Möglichkeit gezogen.

gez. Graf von Hatzfeldt.

An
den Kaiserlichen Botschafter Fürsten von Hohenlohe Durchlaucht,
Paris.

№ 31.

(Auszug.)

Paris, den 9. Juli 1884.

Als ich in Folge des Hohen Erlasses vom 5. d. M. gestern dem Ministerpräsidenten mittheilte, die Kaiserliche Regierung sei bereit, auf eine internationale Regelung der Handels- und Schiffahrtsverhältnisse am Niger einzugehen, be[…] Herr J. Ferry darüber seine Befriedigung, fügte aber hinzu, daß die Regelung […] Handels- und Schiffahrtsverhältnisse auf dem Niger größere Schwierigkeiten ber[…] werde, als die auf dem Kongo, da die Engländer dort größere Interessen hä[…]

gez. Fürst von Hohenlohe.

Seiner Durchlaucht dem Fürsten von Bismarck.

———

№ 32.

(Auszug.)

Berlin, den 26. Juli 1884.

Der englische Botschafter hat mir, betreffend die Kongofrage, mitgetheilt, die englische Regierung auf die Ratifikation ihres Vertrages mit Portugal be[…] verzichtet habe. An die desfallsige Mittheilung nach Lissabon sei die Andeutung ge[…] worden, es würde den Regierungen von Großbritannien und Portugal gleichwohl frei[…] ben Mächten ein Arrangement vorzuschlagen, durch welches die Abmachungen des […] trages in Betreff der Uferkommission erhalten blieben, indem man derselben […] internationalen Karakter gäbe. Lord Granville schließt aus dem Wortlaut des […] lasses des Herrn Reichskanzlers an Euere Excellenz vom 7. v. M., daß die Kaiser[…] Regierung bereit sein würde, einen solchen Vorschlag zu unterstützen.

In Folge dieser Mittheilung Lord Amptill's beehre ich mich Euere Ex[…] um vertrauliche Besprechung der Angelegenheit mit Lord Granville in nachsteh[…] Sinne zu ersuchen.

Die portugiesische Regierung hatte, wie dies in dem vorerwähnten Erlaß 7. v. M. ausdrücklich in den Vordergrund gestellt war, ihrerseits schon vor […] Zeit die Nothwendigkeit einer internationalen Regelung der Frage anerkannt und zu dem Zwecke mit einem Konferenzvorschlage nicht nur an uns und England, s[…] auch an andere Regierungen gewandt. Wir haben geantwortet, daß wir den […] schlag als nützlich erachteten und unsererseits zu jeder den allgemeinen Interessen […] nenden Lösung die Hand bieten würden.

Wir hoffen, daß es gelingen werde, für Centralafrika ein Regime zu fi[…] unter welchem, ähnlich wie in Ostasien, bei Regelung der Handelsbeziehungen Prinzip der Solidarität und Gleichberechtigung aller Interessenten zur Geltung gel[…] In Ostasien war und ist das gemeinsame Bestreben aller Staaten europäischer […] darauf gerichtet, allmälig diejenigen Schranken aus dem Wege zu räumen, […]

seitens der vorhandenen Staatswesen gegen die Berührung mit dem Auslande, namentlich gegen den fremden Handel, aufgerichtet sind. In Centralafrika dagegen, wo anerkannte und widerstandsfähige, sich absperrende Staatswesen nicht bestehen, kommt es darauf an, daß durch die von dem Auslande angestrebten staatlichen Organisationen, seien es selbständige Staaten oder Kolonien europäischer Mächte, die bestehende Handelsfreiheit nicht zum Vortheil einzelner eingeschränkt werde.

Dieser Zweck würde nicht erreicht werden, wenn die internationale Verständigung nicht über die Regelung der **Schiffahrt auf dem Kongofluß** hinausginge, wie dies nach dem Wortlaute der Depesche Lord Granville's und nach einer Aeußerung des Unterstaatssekretärs Lord E. Fitzmaurice in der Sitzung des Unterhauses vom 27. v. M. der englischen Regierung anscheinend vorschwebt.

Nach dem Bericht der »Times« über jene Sitzung erklärte Lord Fitzmaurice auf eine Anfrage Mr. Maxwell's über die Kompetenz der in Aussicht genommenen internationalen Kongo-Ufer-Kommission, daß dieselbe nur mit der Schiffahrt auf dem Kongo und nichts mit der Frage der Zölle zu thun haben würde.

Nach unserer Ansicht muß die internationale Verständigung alle, den Handel zu Lande wie zu Wasser berührende Fragen für das ganze Kongobecken regeln, und zwar um so mehr, als über die Bedeutung, welche diese Wasserstraße für den Handel hat, die Ansichten bekanntlich sehr von einander abweichen.

Es würde daher ein Arrangement, welches nur die Schiffahrt auf dem Kongofluß unter eine internationale Kontrole stellte, dagegen den Handelsverkehr auf dem Landwege dem Belieben derjenigen Staaten und Kolonien überließe, welche sich dort einrichten werden, eine sehr unvollkommene Lösung sein.

Ich fasse die vorstehenden Bemerkungen dahin zusammen, daß wir uns mit dem Londoner Kabinet über die kommerziellen Prinzipien und über den Geltungsbereich einer internationalen Regelung der Kongofrage zu verständigen wünschen, und daß unseres Erachtens die anzustrebende internationale Verständigung zum Zweck haben sollte, den Grundsatz der Gleichberechtigung aller Nationen in Bezug auf den Handel in dem ganzen Kongogebiet zur Anerkennung zu bringen und zugleich wirksame Garantien dafür zu schaffen, daß in diesem für alle Nationen gleich wichtigen Wirthschaftsgebiet die bestehende Handelsfreiheit durch territoriale Einrichtungen nicht über Gebühr und nicht zum Vortheil einzelner Mächte beschränkt werde.

Einem gefälligen Bericht über die Aufnahme Ihrer Mittheilungen werde ich mit lebhaftem Interesse entgegensehen.

gez. Graf von Hatzfeldt.

An

den Kaiserlichen Botschafter Grafen zu Münster Excellenz,
Londo n.

№ 33.

(Auszug.)

London, den 8. August 1884.

Ich habe die Ehre gehabt den Hohen Erlaß vom 26. Juli, die Kongofrage betreffend, zu erhalten.

Dem mir gegebenen Auftrage gemäß habe ich Lord Granville mitgetheilt, daß meine Hohe Regierung wünscht, bevor sie sich an der durch Portugal vorgeschlagenen Konferenz betheiligt, sich mit der Königlich großbritannischen Regierung sowohl über die Prinzipien, welche den demnächstigen Verhandlungen zu Grunde liegen sollen, als über den Geltungsbereich einer internationalen Regelung der Kongofrage zu verständigen.

Lord Granville erwiderte, daß er in Beziehung auf die Prinzipien vollständig mit der Kaiserlichen Regierung einverstanden sei und mit Euerer Durchlaucht gern bereit sein werde, die Grundsätze der Gleichberechtigung aller Nationen in Bezug auf Handel in dem ganzen Kongogebiet zur Anerkennung zu bringen. Lord Granville bemerkte dabei, daß die zweite Frage, wie wirksame Garantien dafür zu schaffen seien, daß in diesem wichtigen Handelsgebiete die Handelsfreiheit nicht über die Gebühr beschränkt werde, größere Schwierigkeiten bieten werde, und daß es ihm von höchster Wichtigkeit scheine, daß England und Deutschland sich über die Haltung und Richtung, die sowohl Portugal als auch der belgischen Internationalen Gesellschaft gegenüber einzuschlagen sei, vorher verständigten.

gez. Münster.

Seiner Durchlaucht dem Fürsten von Bismarck.

№ 34.

(Uebersetzung.)

Berlin, den 13. September 1884.

Nachdem ich Seiner Majestät dem Kaiser und König über unsere Unterredung in Varzin Bericht erstattet, fasse ich deren Inhalt in dieser Note zusammen, welche ich Euere Excellenz bitte, der Regierung der Republik mittheilen zu wollen.

Nachdem die jüngst erfolgten Besitzergreifungen an der Westküste von Afrika uns daselbst in nachbarliche Beziehungen zu den französischen Kolonien und Niederlassungen gebracht haben, wünschen wir im Einvernehmen mit der französischen Regierung das Verhältniß zu regeln, welches sich aus den durch deutsche Kommissare vorgenommenen Besitzergreifungen ergiebt. Sollten sich unter den letzteren solche befinden, die nicht mit den Rechten und der Politik Frankreichs in Einklang zu bringen wären, so haben wir nicht die Absicht, sie aufrecht zu erhalten. Die Ausdehnung unserer kolonialen Besitzungen ist nicht Gegenstand unserer Politik; wir haben nur im Auge, dem deutschen Handel den Eingang nach Afrika an Punkten zu sichern, welche bis jetzt von der

— 35 —

Herrschaft anderer europäischer Mächte unabhängig sind. Die amtlichen Berichte des Herrn Nachtigal und der französischen Kolonialbehörden werden bald diejenigen Punkte aufklären, hinsichtlich deren der Mangel genauer Informationen über die jüngsten Veränderungen der Sachlage zu einer außerhalb unserer Absichten liegenden Konkurrenz den Anlaß hat geben können.

Inzwischen bitte ich Euere Excellenz, bei der französischen Regierung der Befriedigung Ausdruck geben zu wollen, mit der wir das Einvernehmen der beiden Regierungen über die wichtigsten Grundsätze konstatiren, welche im beiderseitigen Interesse auf den afrikanischen Handel anzuwenden und bei den anderen interessirten Nationen zu befürworten sein möchten.

Ebenso wie Frankreich wird die deutsche Regierung eine wohlwollende Haltung bezüglich der belgischen Unternehmungen am Kongo in Folge des Wunsches der beiden Regierungen beobachten, ihren Angehörigen die Handelsfreiheit in dem ganzen Gebiete des zukünftigen Kongostaates sowie in den Stellungen zu sichern, welche Frankreich an diesem Strome einnimmt und dem liberalen System, welches man von dem zu gründenden Staate erwartet, zu unterwerfen beabsichtigt. Diese Vortheile würden den deutschen Angehörigen für den Fall verbleiben und ihnen gewährleistet werden, daß Frankreich in die Lage kommen sollte, das ihm seitens des Königs der Belgier eingeräumte Vorzugsrecht im Falle einer Veräußerung der durch die Kongogesellschaft gemachten Erwerbungen auszuüben.

Der Meinungsaustausch, welchen ich mit Euerer Excellenz zu pflegen die Ehre hatte, beweist, daß die beiden Regierungen in gleichem Maße wünschen, für die Schiffahrt auf dem Kongo und dem Niger die Grundsätze zur Anwendung zu bringen, welche der Wiener Kongreß angenommen hatte, um die Freiheit der Schiffahrt auf einigen internationalen Flüssen zu sichern, und welche später auf die Donau angewandt worden sind.

Um die naturgemäße Entwickelung des europäischen Handels in Afrika zu sichern, würde es zugleich nützlich sein, sich über die Formalitäten zu verständigen, deren Beobachtung erforderlich wäre, damit neue Besitzergreifungen an den Küsten Afrikas als effektive betrachtet werden.

Ich bitte Euere Excellenz der Regierung der Republik vorschlagen zu wollen, daß die Identität unserer Ansichten über diese Punkte durch einen Notenaustausch festgestellt und eine Einladung an die anderen bei dem afrikanischen Handel interessirten Kabinete, sich auf einer zu diesem Ende einzuberufenden Konferenz über die zwischen den beiden Mächten getroffenen Abreden zu äußern, gerichtet werde.

von Bismarck.

Seiner Excellenz dem Botschafter der französischen Republik
Herrn Baron de Courcel.

(Uebersetzung.)

№ 35.

Berlin, den 29. September 1884.

Mein Fürst.

Ich habe nicht ermangelt, meiner Regierung die Note mitzutheilen, welche Euere Durchlaucht mir die Ehre erwiesen, unterm 13. dieses Monats an mich zu richten und worin der wesentliche Inhalt unserer Pariser Unterhaltungen wiedergegeben ist.

Die Regierung der französischen Republik wünscht nicht minder, als die Kaiserlich deutsche Regierung, im Geiste gegenseitigen guten Einvernehmens die nachbarlichen Beziehungen zu regeln, die aus der im Namen des Deutschen Reichs erfolgten Besitzergreifung mehrerer Punkte der afrikanischen Westküste in der Nähe französischer Besitzungen sich ergeben können. Herr Ferry hat mit Genugthuung die Versicherung entgegengenommen, daß, wenn gewisse Handlungen der deutschen Kommissare mit den Rechten und der Politik Frankreichs in jenen Gegenden nicht im Einklang sein sollten, die Kaiserlich deutsche Regierung nicht beabsichtige, dieselben aufrecht zu erhalten. Indem er mich beauftragt, Euerer Durchlaucht für diesen Beweis Ihres Wohlwollens und der Loyalität Ihrer Absichten zu danken, spricht Herr Ferry die Zuversicht aus, daß die beiden Regierungen, sobald die genauen Berichte über den Stand der Dinge an der westafrikanischen Küste nach Europa gelangt sein werden, sich unschwer über die gegenseitigen Grenzen verständigen werden.

Herr Ferry war nicht weniger erfreut, als Euere Durchlaucht, konstatiren zu können, daß sich das Einverständniß der beiden Regierungen auf Grundsätze von weittragender Bedeutung erstreckt, deren Anwendung auf den afrikanischen Handel und deren Anerkennung seitens aller Nationen im gemeinsamen Interesse liegt.

In die erste Reihe dieser Grundsätze stellt die französische Regierung die Handelsfreiheit im Becken und an den Mündungen des Kongo. Die internationale afrikanische Gesellschaft, welche an diesem Strom eine Anzahl von Stationen errichtet hat, erklärt sich bereit, dieselbe für den ganzen Umfang derjenigen Gebiete anzunehmen, über welche sie Rechte ausübt. Frankreich ist seinerseits bereit, die Handelsfreiheit in den Stellungen zu gewähren, welche es am Kongo einnimmt oder später erwerben wird; es würde sogar bereit sein, diese Freiheit aufrecht zu erhalten, falls es in die Lage kommen sollte, aus den in Euerer Durchlaucht Note erwähnten Arrangements, welche Frankreich im Falle der Veräußerung der von der internationalen Gesellschaft erworbenen Gebiete das Vorkaufsrecht zusichern, Nutzen zu ziehen. Diese Zugeständnisse Frankreichs hängen selbstverständlich von der Bedingung der Gegenseitigkeit ab.

Unter Handelsfreiheit verstehen wir freie Zulassung aller Flaggen, Verbot jeden Monopols und jeder differentiellen Behandlung, wir halten dagegen die Einführung von Abgaben für zulässig, welche als Ersatz nützlicher Ausgaben für den Handel erhoben werden.

Es versteht sich jedoch, daß die französische Regierung, indem sie im Becken des Kongo den Grundsatz der Handelsfreiheit zuläßt und sich bereit erklärt, ihrerseits zur Einführung derselben beizutragen, nicht die Absicht hat, diesen Grundsatz auf ihre kolonialen Niederlassungen in Gaboon, in Guinea und am Senegal auszudehnen. Die Regierung der Republik erachtet es im Einverständniß mit der Kaiserlich deutschen Regierung als wünschenswerth, daß die zur Sicherung der Freiheit der Schifffahrt auf mehreren internationalen Flüssen von dem Wiener Kongreß angenommenen Grundsätze, welche später auf die Donau angewandt worden sind, unter Aufsicht und Garantie der interessirten Mächte auch auf den Kongo und den Niger angewandt werden.

Um die naturgemäße Entwickelung des europäischen Handels in Afrika zu sichern und bedauerlichen Streitigkeiten über den Besitzstand zwischen verschiedenen Nationen vorzubeugen, halten wir es gleichfalls für nützlich, zu einer Verständigung über die Formalitäten zu gelangen, deren Beobachtung erforderlich wäre, damit neue Besitznahmen an den Küsten Afrikas als effektive betrachtet werden.

Nachdem die Identität der Anschauungen zwischen den Regierungen Frankreichs und Deutschlands hinsichtlich dieser Punkte konstatirt ist, beauftragt mich Herr Jerry, Euere Durchlaucht wissen zu lassen, daß er bereit ist, sich mit Ihnen über den Erlaß einer Einladung an die übrigen am afrikanischen Handel interessirten Kabinete zu einer Konferenz zu verständigen, deren Aufgabe es sein würde, sich über die von Frankreich und Deutschland im Einverständniß aufgestellten Regeln auszusprechen.

Genehmigen Euere Durchlaucht 2c.

Alph. be Courcel.

An
Seine Durchlaucht den Fürsten von Bismarck,
Kanzler des Deutschen Reichs.

№ 36.

(Uebersetzung.)

Friedrichsruh, den 30. September 1884.

Herr Botschafter!

Euerer Excellenz gefällige Note vom 29. d. M. habe ich zu erhalten die Ehre gehabt und konstatire mit Genugthuung die Uebereinstimmung der Ansichten zwischen unseren Regierungen über die verschiedenen in meiner Note vom 13. d. M. entwickelten Punkte. Nachdem auch die Regierung der französischen Republik dem Gedanken, eine Konferenz von Vertretern der an dem Handel mit Afrika interessirten Kabinete nach Berlin einzuberufen, beigetreten ist, so erscheint es zweckmäßig, unverzüglich die Einladung an die letzteren ergehen zu lassen, damit die Eröffnung der Konferenz im Laufe des Monats Oktober erfolgen kann. Als die zunächst am Handel mit Afrika interessirten Mächte erlaube ich mir Großbritannien, die Niederlande, Belgien, Spanien, Portugal und die Vereinigten Staaten von Amerika zu bezeichnen. Sollte die Regierung der Republik es für angezeigt halten, die Einladung auch an andere Seemächte zu richten, deren Mitwirkung ihr wünschenswerth erschiene, so erkläre ich mich Namens des Deutschen Reichs im Voraus hiermit einverstanden. Um den Beschlüssen der Konferenz die allgemeine Zustimmung zu sichern, würde es sich vielleicht empfehlen, später alle Großmächte und die skandinavischen Staaten zur Theilnahme an den Berathungen einzuladen; zum Zweck der Beschleunigung des Zusammentritts der Konferenz wird es indeß zweckmäßig sein, für den Augenblick die Einladung auf die zumeist betheiligten Mächte zu beschränken.

Ich würde Ihnen zu Dank verpflichtet sein, Herr Botschafter, wenn Sie Vorstehendes zur Kenntniß Ihrer Regierung bringen wollten, deren Antwort ich abwarten werde, um unverzüglich zur Einladung der Mächte zu schreiten.

gez. von Bismarck.

An
Seine Excellenz den Botschafter der französischen Republik
Herrn Baron de Courcel.

№ 37.

(Uebersetzung.)

Berlin, den 2. Oktober.

Mein Fürst!

Ich habe mich beeilt, die in der Mittheilung Eurer Durchlaucht vom 30. September dargelegten Anschauungen, betreffend die nach Berlin zu berufende Konferenz von Vertretern der verschiedenen, an dem Handel von Westafrika betheiligten Nationen, zur Kenntniß meiner Regieruug zu bringen. Die Regierung der Republik beauftragt mich, Ihnen mitzutheilen, daß sie mit Ihren Vorschlägen bezüglich des Zeitpunktes der Eröffnung der Konferenz und des bei den Einladungen zu beobachtenden Verfahrens einverstanden ist.

Herr Jules Ferry ist wie Euere Durchlaucht der Ansicht, daß außer Frankreich und Deutschland in erster Linie Großbritannien, die Niederlande, Spanien, Portugal, Belgien und die Vereinigten Staaten von Amerika an der Konferenz Theil zu nehmen hätten. Er theilt Ihre Auffassung auch in der Hinsicht, daß, um den Beschlüssen der Kouferenz die allgemeine Zustimmung zu sichern, es sich empfehlen würde, später alle Großmächte und die skandinavischen Staaten aufzufordern, an den Berathungen Theil zu nehmen.

gez. Alph. de Courcel.

An
Seine Durchlaucht den Fürsten von Bismarck,
Kanzler des Deutschen Reichs.

№ 38.

Entwurf zu einer Note,

welche gemäß Zirkularerlasses vom 6. Oktober 1884 seitens der betreffenden Kaiserlichen Missionen an die Regierungen folgender Staaten:
Belgien, Dänemark, Großbritannien, Italien, der Niederlande, Oesterreich-Ungarn, Portugal, Rußland, Schweden und Norwegen, Spanien, und der Vereinigten Staaten von Amerika,
gerichtet worden ist.*)

(Uebersetzung.)

Der Unterzeichnete hat die Ehre, im Auftrage seiner Regierung das Folgende zur Kenntniß Seiner Excellenz zu bringen:

Die Ausdehnung, welche der westafrikanische Handel seit einiger Zeit genommen, hat den Regierungen von Deutschland und Frankreich den Gedanken eingegeben, daß es im gemeinsamen Interesse der an diesem Handel betheiligten Nationen liegen würde, die Bedingungen, welche die Entwickelung des letzteren zu sichern und Zwistigkeiten und Mißverständnisse zu verhüten geeignet scheinen, im Geiste guten gegenseitigen Einvernehmens zu regeln. Um dieses Ziel zu erreichen, sind die Regierungen von Deutschland und Frankreich der Meinung, daß es wünschenswerth sein würde, eine Verständigung über folgende Grundsätze herbeizuführen:

1. Handelsfreiheit in dem Becken und an den Mündungen des Kongo.
2. Anwendung auf den Kongo und den Niger derjenigen Prinzipien, welche von dem Wiener Kongreß in der Absicht, die Freiheit der Schiffahrt auf mehreren internationalen Flüssen zu sichern, angenommen und welche später auf die Donau angewandt worden sind.
3. Feststellung der Formalitäten, welche zu beobachten sind, damit neue Besitzergreifungen an den Küsten von Afrika als effektive betrachtet werden.

Zu diesem Zweck schlägt die deutsche Regierung im Einvernehmen mit der Regierung der französischen Republik vor, daß Vertreter der verschiedenen an dem afrikanischen Handel interessirten Mächte sich, wenn thunlich, im Laufe dieses Monats, zu einer Konferenz in Berlin vereinigen, um zu einer Verständigung über die oben bezeichneten Grundsätze zu gelangen.

Der Unterzeichnete beehrt sich, im Auftrag seiner Regierung Seine Excellenz zu bitten, ihn gefälligst wissen zu lassen, ob die ꝛc. Regierung geneigt ist, an der vorgeschlagenen Konferenz Theil zu nehmen. Der Unterzeichnete erlaubt sich hinzuzufügen, daß eine gleiche Einladung auch an die Regierungen ꝛc. gerichtet wird.

Der Unterzeichnete benutzt ꝛc.

---

*) Anmerkung. Eine analoge Mittheilung ist später auch der Kaiserl. türkischen Regierung gemacht worden.

№ 39.

London (Auswärtiges Amt), den 8. Oktober 1884.

(Uebersetzung.)

Herr Geschäftsträger!

Da Ihrer Majestät Regierung bereits zu einem Einverständniß mit der deutschen Regierung gelangt ist und sich mit derselben, wie sie glaubt, über die allgemeinen Prinzipien freier Schiffahrt und freien Handels in Afrika in vollkommener Uebereinstimmung befindet, so hat sie keine Zeit verloren, die heute von Ihnen erhaltene Einladung zu einer Konferenz über diese Gegenstände in Erwägung zu ziehen. Sie bewillkommnet freudig diese günstige Gelegenheit, jenen wichtigen Prinzipien eine allgemeine und formelle Sanktion zu geben, und verschiedene auf die Kolonisation und den Handel von Afrika bezügliche Einzelheiten zu erörtern.

Ich habe Ihnen daher mitzutheilen, daß Ihrer Majestät Regierung die Einladung der deutschen Regierung zu einer Konferenz im Prinzipe annimmt und daß sie dem Vorschlage des baldigen Zusammentritts der Konferenz in Berlin beitritt.

In der Absicht indeß, ein möglichst vollständiges Einverständniß der beiden Regierungen aufrecht zu erhalten, und die Arbeiten der Konferenz zu erleichtern, würde es mir angenehm sein, bevor ich eine offizielle Annahme der Einladung absende, in vertraulicher oder anderer Weise einige weitere Aufklärungen über die Punkte, welche zur Erörterung gestellt werden sollen, zu erhalten.

Der Ausdruck: »Handelsfreiheit« wird gewöhnlich in sehr verschiedenem Sinne gebraucht. Er schwankt zwischen dem bloßen Begriff des Nichtvorhandenseins eines Handelsverbotes bis zu dem Begriff einer völligen Befreiung von allen Abgaben und Lasten. Ihrer Majestät Regierung nimmt an, die deutsche Regierung stimme darin mit ihr überein, daß die Abgaben ihrem Betrage nach mäßig sein und daß alle fremden Händler auf völlig gleichem Fuße behandelt werden sollen.

Ich bemerke ferner, daß Ihre Note für das Kongobecken die Einführung der Handelsfreiheit, für den Nigerfluß dagegen nur Freiheit der Schiffahrt vorschlägt. Ich bin deshalb einigermaßen im Zweifel, ob es beabsichtigt war, einen Unterschied in der Stellung der fremden Händler auf den beiden Flüssen zu machen.

Ich brauche kaum zu sagen, daß Ihrer Majestät Regierung beides, die vollste Freiheit des Handels und der Schiffahrt nicht allein für den Niger und Kongo gerne gesichert sehen, sondern daß sie auch die Ausdehnung dieses Prinzips, soweit die Verhältnisse es gestatten, auf andere Flüsse Afrikas willkommen heißen würde.

Die Bestimmungen des Wiener Kongresses vom Jahre 1815 über die Flußschiffahrt bezogen sich ausschließlich auf solche Flüsse, welche durch wohlabgegrenzte Territorien zivilisirter Staaten fließen, während die für die Schiffahrt auf dem Kongo und Niger zu treffenden Bestimmungen es mit Flüssen zu thun haben, welche nicht genau bekannte, von wilden Stämmen bevölkerte Gebiete durchlaufen. Das zu lösende Problem besteht deshalb in der Anwendung der allgemeinen Prinzipien des Wiener Vertrages auf die sehr abweichenden Verhältnisse, welche sich in Afrika darbieten. Ihrer Majestät Regierung würde es angenehm sein, so weit als möglich von den Anschauungen Kenntniß zu erhalten, zu welchen die deutsche Regierung hinsichtlich der Lösung dieser Schwierigkeit gelangt ist.

Bezüglich der noch wichtigeren Frage der Grundsätze, welche für die Annexionen noch nicht okkupirter Territorien maßgebend sein sollen, würde Ihrer Majestät Regierung dankbar sein, wenn ihr das allgemeine Prinzip mitgetheilt werden könnte, welches die deutsche Regierung dem Uebereinkommen zu Grunde zu legen beabsichtigt.

Ich brauche Ihnen nicht zu versichern, daß Ihrer Majestät Regierung nicht unnöthige Schwierigkeiten zu machen wünscht oder in der Voraussicht einer Meinungsverschiedenheit sich über die oben bezeichneten Punkte weiter zu informiren sucht; die Fragen werden vielmehr, wie bereits bemerkt, lediglich gestellt, um ein harmonisches und schnelles Arbeiten der Konferenz zu erleichtern.

Ihrer Majestät Regierung konstatirt mit Genugthuung, daß die deutsche Regierung alle Mächte, welche Handels- oder territoriale Interessen an der Westküste von Afrika haben, einzuladen vorschlägt.

Ich habe die Ehre 2c.

gez. Granville.

An
Baron Plessen 2c.

№ 40.

Berlin, den 20. Oktober 1884.

Euer Hochwohlgeboren 2c. übersende ich hiermit den Entwurf einer Note, welche Sie dem Grafen Granville oder seinem Vertreter als Antwort auf die Note des ersteren vom 8. d. M. übergeben wollen.

Ich ersuche Sie zugleich, mündlich zu erklären, daß wir in der Konferenz auf eine detaillirte Erörterung aller Fragen bereitwillig eingehen würden. Die Konferenzbeschlüsse dagegen durch sich kreuzende Korrespondenzen mit den einzelnen Regierungen zu antizipiren, würde zu einem ersprießlichen Ergebniß nicht führen, die Herstellung eines allgemeinen Einverständnisses nur erschweren.

Wir gäben uns dem Vertrauen hin, daß England, wenn es nicht beabsichtige, das Zustandekommen der Konferenz überhaupt zu hindern, seine definitive Erklärung nicht weiter hinausschieben werde.

gez. Busch.

An
Kaiserlichen Geschäftsträger Herrn Freiherr von Plessen
London.

Anlage zu № 41.

Der Unterzeichnete ꝛc. hat die an ihn gerichtete Note des ꝛc. vom 8. d. R., die beabsichtigte afrikanische Konferenz betreffend, seiner Regierung eingesandt und beehrt sich, dieselbe, erhaltener Instruktion gemäß, in Nachstehendem ergebenst zu beantworten.

Die Kaiserliche Regierung hat mit Befriedigung davon Akt genommen, daß sich über die allgemeinen Prinzipien der Freiheit der Schiffahrt und des Handels in Afrika mit der Regierung Ihrer großbritannischen Majestät in Uebereinstimmung befindet; sie glaubt, daß auf dieser Grundlage eine Verständigung über die in der Einladung vom . . . . . . bezeichneten Punkte unschwer herzustellen sein wird, und ist der Ansicht, daß dieser Zweck durch eine persönliche Erörterung der Vertreter der Interessenten schneller und sicherer zu erreichen sein wird, als durch eine vorgängige Korrespondenz Einzelner. Sie ist indessen gern bereit, die Verhandlungen der Konferenz in der Art zu antizipiren, daß sie auf die von Lord Granville gestellte Frage, die Ansichten, welche sie in der Konferenz zu vertreten beabsichtigt, insoweit bezeichnet, als dies ohne Präjudiz für die Diskussion mit den Theilnehmern der Konferenz möglich ist.

Die Kaiserliche Regierung versteht unter Handelsfreiheit die den Kaufleuten aller Nationen zu ertheilende Zusicherung, daß von ihren Waaren keine Eingangs- und keine Durchgangszölle und nur mäßige Abgaben ausschließlich zur Bestreitung staatlicher Bedürfnisse erhoben werden sollen.

Die Regierung des Unterzeichneten theilt den Wunsch des Grafen Granville, daß es gelingen möge, die vollste Freiheit der Schiffahrt und des Handels nicht nur für den Niger und den Kongo zu sichern, sondern auch, soweit die Verhältnisse es gestatten, auf andere Flüsse in Afrika auszudehnen. Die Anwendung der in den Artikeln 108 bis 116 der Wiener Kongreßakte ausgesprochenen allgemeinen Grundsätze wird den lokalen Verhältnissen und Erfordernissen angepaßt werden müssen, wie es in der Elb- und in der Donau-Schiffahrtsakte geschehen ist. Aufgabe der Konferenz würde es nur sein, diese Anwendung im Prinzip auszusprechen, während die Bildung einer internationalen Behörde mit der Verpflichtung, Hindernisse der Schiffahrt zu beseitigen und mit der Befugniß, die erforderlichen Polizeivorschriften zu erlassen, späteren Verhandlungen vorzubehalten wäre.

Was endlich die nur auf künftige Besitzergreifungen bezügliche Feststellung der Förmlichkeiten betrifft, so wird die Kaiserliche Regierung es als ihre Aufgabe trachten, den von den Rechtslehrern und Richtern aller Länder, auch Englands, übereinstimmend aufgestellten Grundsätzen die praktische Durchführung zu sichern.

Der Unterzeichnete benutzt ꝛc.

№ 41.

(Uebersetzung.)

Britische Botschaft.
Berlin, den 4. November 1884.

Herr Staatssekretär!

Ich habe die Ehre Euere Excellenz zu benachrichtigen, daß die Note Sr. Excellenz des Grafen Münster vom 22. v. M., welche die Antwort der Kaiserlichen Regierung auf die in Lord Granville's Note an Baron Plessen vom 8. v. M. gestellten Anfragen enthält, Ihrer Majestät Regierung zugegangen ist.

Ihrer Majestät Regierung war es sehr angenehm, sich aus den Aufklärungen der Note Sr. Excellenz zu überzeugen, daß, wie sie voraussetzte, kein Grund vorliegt, anzunehmen, die beiden Regierungen würden sich nicht im Einvernehmen befinden. Unter diesen Umständen zögert Ihrer Majestät Regierung nicht, die formelle Annahme der Einladung zu der Konferenz auszusprechen.

Bei Uebermittelung dieser Annahme habe ich indessen der Kaiserlichen Regierung im Auftrage Ihrer Majestät ersten Staatssekretärs für Auswärtige Angelegenheiten mitzutheilen, daß Ihrer Majestät Regierung mit der Kaiserlichen Regierung darin übereinstimme, es werde die Annahme ohne Präjudiz für die Erörterungen zwischen den Theilnehmern an der Konferenz sein, und daß sie annehme, es würden die Rechte Großbritanniens am unteren Niger, welche durch Vereinbarungen mit den Eingeborenen erworben sind, wodurch die letzteren die Schutzherrschaft Großbritanniens angenommen haben, gewahrt bleiben.

Diese Rechte werden mit der Anwendung der Prinzipien des Wiener Kongresses auf den Fluß in keiner Weise unvereinbar sein.

Ich benutze 2c.

gez. Edward Malet.

Seiner Excellenz dem Grafen von Hatzfeldt,
Staatssekretär des Auswärtigen Amts.

№ 42.

Entwurf zu einer Note,

welche gemäß Circularerlasses vom 1. November 1884 seitens der Kaiserl. Missionen an die Regierungen folgender Staaten:

Belgien, Dänemark, Frankreich, Großbritannien, Italien, Niederlande, Oesterreich-Ungarn, Portugal, Rußland, Schweden und Norwegen, Spanien,

gerichtet worden ist*).

Der Unterzeichnete beehrt sich unter Bezugnahme auf seine Note vom . . . . . . Seiner Excellenz mitzutheilen, daß die Eröffnung der Konferenz für die westafrikanischen Angelegenheiten, im Einverständniß mit den betheiligten Mächten, auf den 15. November

---

*) Anmerkung. Eine analoge Mittheilung ist auch den Regierungen der Vereinigten Staaten von Amerika und der Türkei gemacht worden.

dieses Jahres festgesetzt worden ist. In Folge dessen bittet der Unterzeichnete Seine Excellenz, den Vertretern von .... die nöthigen Weisungen gefälligst zugehen zu lassen, damit dieselben sich an dem bezeichneten Tage mit den Bevollmächtigten der anderen Mächte in Berlin vereinigen.

Der Unterzeichnete benutzt ic.

№ 43.

Uebereinkunft zwischen dem Deutschen Reich und der Internationalen Gesellschaft des Kongo.

Artikel 1.

Die Internationale Gesellschaft des Kongo verpflichtet sich, in ihren gegenwärtigen und zukünftigen Besitzungen in dem Becken des Kongo und des Niabi-Kwilu-Flusses, sowie in den angrenzenden Küstenländern des atlantischen Ozeans von den eingeborenen oder durchgehenden Waaren und Handelsartikeln keinerlei Zölle zu erheben. Diese Zollfreiheit erstreckt sich insbesondere auch auf diejenigen Waaren oder Handelsartikel, welche auf der um die Kongolataratte gebauten Straße befördert werden.

Artikel 2.

Die Angehörigen des Deutschen Reichs sollen befugt sein, sich in dem Gebiete der Gesellschaft aufzuhalten und niederzulassen.

Dieselben sollen hinsichtlich des Schutzes ihrer Person und ihres Eigenthums, der freien Ausübung ihrer Religion, der Verfolgung und Vertheidigung ihrer Rechte, sowie in Bezug auf Schifffahrt, Handel und Gewerbebetrieb den Angehörigen der meistbegünstigten Nation, einschließlich der Inländer, gleichgestellt sein.

Insbesondere sollen sie das Recht haben, in dem Gebiete der Gesellschaft belegene Grundstücke und Gebäude zu kaufen, zu verkaufen und zu vermiethen, Handelshäuser zu errichten und daselbst Handel sowie die Küstenschifffahrt unter deutscher Flagge zu treiben.

Artikel 3.

Die Gesellschaft verpflichtet sich, den Angehörigen einer anderen Nation niemals irgend einen Vortheil zu gewähren, der nicht zugleich auch auf die Angehörigen des Deutschen Reichs erstreckt würde.

Artikel 4.

Bei Abtretung des gegenwärtigen oder zukünftigen Gebiets der Gesellschaft oder eines Theiles desselben gehen alle von der Gesellschaft dem Deutschen Reich gegenüber eingegangenen Verpflichtungen auf den Erwerber über. Diese Verpflichtungen und die dem Deutschen Reich und seinen Angehörigen von der Gesellschaft eingeräumten Rechte bleiben auch nach der Abtretung einem jeden neuen Erwerber gegenüber in Gültigkeit.

Artikel 5.

Das Deutsche Reich erkennt die Flagge der Gesellschaft — blaue Flagge mit goldenem Stern in der Mitte — als diejenige eines befreundeten Staates an.

Artikel 6.

Das Deutsche Reich ist bereit, diejenige Grenze des Gebiets der Gesellschaft und des zu errichtenden Staates, welche auf der anliegenden Karte verzeichnet ist, einerseits anzuerkennen.

Artikel 7.

Diese Uebereinkunft soll ratifizirt und es sollen die Ratifikationsurkunden in möglichst kurzer Frist zu Brüssel ausgetauscht werden. Die Uebereinkunft soll unmittelbar nach Austausch der Ratifikationen in Kraft treten.

So geschehen in Brüssel, den 8. November 1884.

(L. S.) gez. Graf Brandenburg.

(L. S.) gez. Strauch.

№ 44.

General-Akte der Berliner Konferenz.

(Uebersetzung.)

Im Namen des Allmächtigen Gottes,

Seine Majestät der Deutsche Kaiser, König von Preußen, Seine Majestät der Kaiser von Oesterreich, König von Böhmen ꝛc. und Apostolischer König von Ungarn, Seine Majestät der König der Belgier, Seine Majestät der König von Dänemark, Seine Majestät der König von Spanien, der Präsident der Vereinigten Staaten von Amerika, der Präsident der Französischen Republik, Ihre Majestät die Königin des Vereinigten Königreichs von Großbritannien und Irland, Kaiserin von Indien, Seine Majestät der König von Italien, Seine Majestät der König der Niederlande, Großherzog von Luxemburg ꝛc., Seine Majestät der König von Portugal und Algarvien ꝛc. ꝛc. ꝛc., Seine Majestät der Kaiser Aller Reußen, Seine Majestät der König von Schweden und Norwegen ꝛc. ꝛc. und Seine Majestät der Kaiser der Ottomanen,

in der Absicht, die für die Entwickelung des Handels und der Civilisation in gewissen Gegenden Afrikas günstigsten Bedingungen im Geiste guten gegenseitigen Einvernehmens zu regeln und allen Völkern die Vortheile der freien Schifffahrt auf den beiden hauptsächlichsten, in den Atlantischen Ocean mündenden afrikanischen Strömen zu sichern; andererseits von dem Wunsche geleitet, Mißverständnissen und Streitigkeiten vorzubeugen, welche in Zukunft durch neue Besitzergreifungen an den afrikanischen Küsten entstehen könnten und zugleich auf Mittel zur Hebung der sittlichen und materiellen Wohlfahrt der eingeborenen Völkerschaften bedacht, haben in Folge der von der Kaiserlich deutschen Regierung im Einverständniß mit der Regierung der Französischen

Republik an Sie ergangenen Einladung beschlossen, zu diesem Zweck eine Konferenz in Berlin zu versammeln und haben zu ihren Bevollmächtigten ernannt, nämlich:

Seine Majestät der Deutsche Kaiser, König von Preußen:
> den Herrn Otto Fürsten von Bismarck, Ihren Präsidenten des preußischen Staatsministeriums, Kanzler des Reichs,
> den Herrn Paul Grafen von Hatzfeldt, Ihren Staatsminister und Staatssekretär des Auswärtigen Amts,
> den Herrn August Busch, Ihren Wirklichen Geheimen Legationsrath und Unterstaatssekretär im Auswärtigen Amt,
> und
> den Herrn Heinrich von Kusserow, Ihren Geheimen Legationsrath im Auswärtigen Amt;

Seine Majestät der Kaiser von Oesterreich, König von Böhmen ꝛc. und Apostolischer König von Ungarn:
> den Herrn Emerich Grafen Széchényi von Sárvári Felsö-Vidék, Kammerherrn und Wirklichen Geheimen Rath, Ihren außerordentlichen und bevollmächtigten Botschafter bei Seiner Majestät dem Deutschen Kaiser, König von Preußen;

Seine Majestät der König der Belgier:
> den Herrn Gabriel August Grafen van der Straten Ponthoz, Ihren außerordentlichen Gesandten und bevollmächtigten Minister bei Seiner Majestät dem Deutschen Kaiser, König von Preußen,
> und
> den Herrn August Baron Lambermont, Staatsminister, Ihren außerordentlichen Gesandten und bevollmächtigten Minister;

Seine Majestät der König von Dänemark:
> den Herrn Emil von Bind, Kammerherrn, Ihren außerordentlichen Gesandten und bevollmächtigten Minister bei Seiner Majestät dem Deutschen Kaiser, König von Preußen,

Seine Majestät der König von Spanien:
> Don Francisco Merry y Colom, Grafen von Benomar, Ihren außerordentlichen Gesandten und bevollmächtigten Minister bei Seiner Majestät dem Deutschen Kaiser, König von Preußen;

Der Präsident der Vereinigten Staaten von Amerika:
> den Herrn John A. Kasson, außerordentlichen Gesandten und bevollmächtigten Minister der Vereinigten Staaten von Amerika bei Seiner Majestät dem Deutschen Kaiser, König von Preußen,
> und
> den Herrn Henry S. Sanford, früheren Minister;

Der Präsident der Französischen Republik:
> den Herrn Alphonse Baron de Courcel, außerordentlichen und bevollmächtigten Botschafter Frankreichs bei Seiner Majestät dem Deutschen Kaiser, König von Preußen;

Ihre Majestät die Königin des Vereinigten Königreiches von Großbritannien und Irland, Kaiserin von Indien:

> Sir Edward Baldwin Malet, Ihren außerordentlichen und bevollmächtigten Botschafter bei Seiner Majestät dem Deutschen Kaiser, König von Preußen;

Seine Majestät der König von Italien:

> den Herrn Eduard Grafen von Launay, Ihren außerordentlichen und bevollmächtigten Botschafter bei Seiner Majestät dem Deutschen Kaiser, König von Preußen;

Seine Majestät der König der Niederlande, Großherzog von Luxemburg ꝛc.:

> den Herrn Friedrich, Philipp Donkheer van der Hoeven, Ihren außerordentlichen Gesandten und bevollmächtigten Minister bei Seiner Majestät dem Deutschen Kaiser, König von Preußen;

Seine Majestät der König von Portugal und Algarvien ꝛc. ꝛc. ꝛc.:

> den Herrn Da Serra Gomes, Marquis von Penafiel, Pair des Königreichs, Ihren außerordentlichen Gesandten und bevollmächtigten Minister bei Seiner Majestät dem Deutschen Kaiser, König von Preußen, und
>
> den Herrn Anton von Serpa Pimentel, Staatsrath und Pair des Königreichs;

Seine Majestät der Kaiser Aller Reußen:

> den Herrn Peter Grafen Kapnist, Geheimen Rath, Ihren außerordentlichen Gesandten und bevollmächtigten Minister bei Seiner Majestät dem König der Niederlande;

Seine Majestät der König von Schweden und Norwegen ꝛc. ꝛc.:

> den Herrn Gillis Baron Bildt, Generallieutenant, Ihren außerordentlichen Gesandten und bevollmächtigten Minister bei Seiner Majestät dem Deutschen Kaiser, König von Preußen;

Seine Majestät der Kaiser der Ottomanen:

> Mehemed Said Pascha, Vezir und Großwürdenträger, Ihren außerordentlichen und bevollmächtigten Botschafter bei Seiner Majestät dem Deutschen Kaiser, König von Preußen,

welche, versehen mit Vollmachten, die in guter und gehöriger Form befunden worden sind, nach einander berathen und angenommen haben:

1. eine Erklärung, betreffend die Freiheit des Handels in dem Becken des Kongo, seinen Mündungen und den angrenzenden Ländern, nebst einigen damit zusammenhängenden Bestimmungen;
2. eine Erklärung, betreffend den Sklavenhandel und die Operationen, welche zu Lande oder zur See diesem Handel Sklaven zuführen;
3. eine Erklärung, betreffend die Neutralität der in dem konventionellen Kongobecken einbegriffenen Gebiete;

— 48 —

4. eine Kongo-Schiffahrtsakte, welche, unter Berücksichtigung der örtlichen Verhältnisse, auf diesen Strom, seine Nebenflüsse und auf die denselben gleichgestellten Gewässer die in den Artikeln 108 bis 116 der Schlußakte des Wiener Kongresses enthaltenen allgemeinen Grundsätze ausdehnt, welche zum Zweck haben, zwischen den Signatärmächten jener Akte die freie Schiffahrt auf den mehrere Staaten trennenden oder durchschneidenden schiffbaren Wasserläufen zu regeln und welche seitdem vertragsmäßig auf Flüsse Europas und Amerikas, und namentlich auf die Donau, mit den durch die Verträge von Paris 1856, von Berlin 1878 und London 1871 und 1883 vorgesehenen Veränderungen angewendet worden sind;

5. eine Niger-Schiffahrtsakte, welche gleichfalls unter Berücksichtigung der örtlichen Verhältnisse auf diesen Strom und seine Nebenflüsse die in den Artikeln 108 bis 116 der Schlußakte des Wiener Kongresses enthaltenen Grundsätze ausdehnt;

6. eine Erklärung, welche in die internationalen Beziehungen einheitliche Regeln für zukünftige Besitzergreifungen an den Küsten des afrikanischen Festlandes einführt;

und, von der Ansicht ausgehend, daß diese verschiedenen Dokumente nützlicherweise in einer einzigen Urkunde miteinander zu verbinden seien, dieselben zu einer aus folgenden Artikeln bestehenden Generalakte vereinigt haben.

Kapitel I.

Erklärung, betreffend die Freiheit des Handels in dem Becken des Kongo, seinen Mündungen und den angrenzenden Ländern, nebst einigen damit zusammenhängenden Bestimmungen.

Artikel 1.

Der Handel aller Nationen soll vollständige Freiheit genießen:

1. In allen Gebieten, welche das Becken des Kongo und seiner Nebenflüsse bilden. Dieses Becken wird begrenzt durch die Höhenzüge der daran grenzenden Becken, nämlich insbesondere die Becken des Niari, des Ogowe, des Schari und des Nils im Norden, durch die östliche Wasserscheide der Zuflüsse des Tanganyka-Sees im Osten, durch die Höhenzüge der Becken des Zambese und des Loge im Süden. Es umfaßt demnach alle Gebiete welche von dem Kongo und seinen Nebenflüssen durchströmt werden, einschließlich des Tanganyka-Sees und seiner östlichen Zuflüsse.

2. In dem Seegebiete, welches sich an dem Atlantischen Ocean von dem unter 2° 30' südlicher Breite belegenen Breitengrade bis zu der Mündung des Loge erstreckt.

Die nördliche Grenze folgt dem unter 2° 30' belegenen Breitengrade von der Küste bis zu dem Punkte, wo er mit dem geographischen Becken des Kongo zusammentrifft, ohne indeß das Becken des Ogowe, auf welchen die Bestimmungen des gegenwärtigen Aktes keine Anwendung finden, zu berühren.

Die südliche Grenze folgt dem Laufe des Loge bis zu der Quelle dieses Flusses und wendet sich von dort nach Osten bis zur Vereinigung mit dem geographischen Becken des Kongo.

— 49 —

3. In dem Gebiete, welches sich östlich von dem Kongo-Becken in seinen oben beschriebenen Grenzen bis zu dem Indischen Ocean erstreckt, von dem fünften Grad nördlicher Breite bis zu der Mündung des Zambese im Süden; von letzterem Punkte aus folgt die Grenzlinie dem Zambese bis fünf Meilen aufwärts von der Mündung des Schire und findet ihre Fortsetzung in der Wasserscheide zwischen den Zuflüssen des Nyassa-Sees und den Nebenflüssen des Zambese, um endlich die Wasserscheidelinie zwischen dem Zambese und Kongo zu erreichen.

Man ist ausdrücklich darüber einig, daß bei Ausdehnung des Grundsatzes der Handelsfreiheit auf dieses östliche Gebiet die auf der Konferenz vertretenen Mächte sich nur für sich selbst verpflichten, und daß dieser Grundsatz auf Gebiete, welche zur Zeit irgend einem unabhängigen und souveränen Staate gehören, nur insoweit Anwendung findet, als der letztere seine Zustimmung ertheilt. Die Mächte beschließen, ihre guten Dienste bei den an der afrikanischen Küste des Indischen Oceans bestehenden Regierungen einzulegen, um die fragliche Zustimmung zu erhalten und für alle Fälle der Durchfuhr aller Nationen die günstigsten Bedingungen zu sichern.

Artikel 2.

Alle Flaggen, ohne Unterschied der Nationalität, haben freien Zutritt zu der gesammten Küste der oben aufgeführten Gebiete, zu den Flüssen, die daselbst in das Meer einmünden, zu allen Gewässern des Kongo und seiner Nebenflüsse, einschließlich der Seen, zu allen Häfen an diesen Gewässern, sowie zu allen Kanälen, welche etwa in Zukunft zu dem Zwecke angelegt werden, um die Wasserstraßen oder Seen innerhalb der in dem Artikel 1 beschriebenen Gebiete zu verbinden. Sie dürfen jede Art von Beförderung unternehmen und Küsten-, Fluß- und Kahnschiffahrt unter den gleichen Bedingungen wie die Landesangehörigen ausüben.

Artikel 3.

Waaren jeder Herkunft, welche in diese Gebiete unter irgend einer Flagge auf dem See-, Fluß- oder Landwege eingeführt werden, sollen keine anderen Abgaben zu entrichten haben als solche, welche etwa als billiger Entgelt für zum Nutzen des Handels gemachte Ausgaben erhoben werden und in dieser ihrer Eigenschaft gleichmäßig von den Landesangehörigen und den Fremden jeder Nationalität zu tragen sind.

Jede ungleiche Behandlung, sowohl bezüglich der Schiffe wie der Waaren, ist untersagt.

Artikel 4.

Die in diese Gebiete eingeführten Waaren bleiben von Eingangs- und Durchgangszöllen befreit.

Die Mächte behalten sich vor, nach Ablauf einer Periode von zwanzig Jahren zu bestimmen, ob die Zollfreiheit die Einfuhr beizubehalten ist oder nicht.

Artikel 5.

Keine der Mächte, welche in den oben bezeichneten Gebieten Souveränitätsrechte ausübt oder ausüben wird, kann daselbst Monopole oder Privilegien irgend einer Art, die sich auf den Handel beziehen, verleihen.

Die Fremden sollen daselbst mit Bezug auf den Schutz ihrer Personen und ihres Vermögens, den Erwerb und die Uebertragung beweglichen und unbeweglichen Eigenthums und die Ausübung ihres Gewerbes, ohne Unterschied die gleiche Behandlung und dieselben Rechte wie die Landesangehörigen genießen.

Artikel 6.

Bestimmungen hinsichtlich des Schutzes der Eingeborenen, der Missionare und Reisenden, sowie hinsichtlich der religiösen Freiheit.

Alle Mächte, welche in den gedachten Gebieten Souveränitätsrechte oder einen Einfluß ausüben, verpflichten sich, die Erhaltung der eingeborenen Bevölkerung und die Verbesserung ihrer sittlichen und materiellen Lebenslage zu überwachen und an der Unterdrückung der Sklaverei und insbesondere des Negerhandels mitzuwirken; sie werden ohne Unterschied der Nationalität oder des Kultus alle religiösen, wissenschaftlichen und wohlthätigen Einrichtungen und Unternehmungen schützen und begünstigen, welche zu jenem Zwecke geschaffen und organisirt sind, oder dahin zielen, die Eingeborenen zu unterrichten und ihnen die Vortheile der Civilisation verständlich und werth zu machen.

Christliche Missionare, Gelehrte, Forscher, sowie ihr Gefolge, ihre Habe und ihre Sammlungen bilden gleichfalls den Gegenstand eines besonderen Schutzes.

Gewissensfreiheit und religiöse Duldung werden sowohl den Eingeborenen wie den Landesangehörigen und Fremden ausdrücklich gewährleistet. Die freie und öffentliche Ausübung aller Kulte, das Recht der Erbauung gottesdienstlicher Gebäude und der Einrichtung von Missionen, welcher Art Kultus dieselben angehören mögen, soll keinerlei Beschränkung noch Hinderung unterliegen.

Artikel 7.
Regelung des Postwesens.

Die am 1. Juni 1878 zu Paris revidirte Uebereinkunft, betreffend den Weltpostverein, soll auf das konventionelle Kongobecken Anwendung finden.

Die Mächte, welche daselbst Souveränitäts- oder Protektoratsrechte ausüben oder ausüben werden, verpflichten sich, sobald die Umstände es gestatten, die erforderlichen Maßnahmen zur Ausführung der vorstehenden Bestimmung zu treffen.

Artikel 8.

Aufsichtsrecht der Internationalen Schiffahrts-Kommission des Kongo.

In allen denjenigen Theilen des in der gegenwärtigen Erklärung ins Auge gefaßten Gebietes, wo von keiner Macht Souveränitäts- oder Protektoratsrechte ausgeübt werden sollten, ist es Aufgabe der gemäß Artikel 17 eingesetzten Internationalen Schiffahrts-Kommission des Kongo, über die Anwendung der in dieser Erklärung aufgestellten und gebilligten Grundsätze zu wachen.

In allen Fällen, wo bezüglich der Anwendung der in der gegenwärtigen Erklärung aufgestellten Grundsätze Schwierigkeiten entstehen, können die interessirten Regierungen dahin übereinkommen, die guten Dienste der Internationalen Kommission in Anspruch zu nehmen, indem sie dieselbe mit Prüfung der Umstände beauftragen, welche zu jenen Schwierigkeiten Anlaß gegeben haben.

Kapitel II.
Erklärung, betreffend den Sklavenhandel.
Artikel 9.

Da nach den Grundsätzen des Völkerrechts, wie solche von den Signatärmächten anerkannt werden, der Sklavenhandel verboten ist, und die Operationen, welche zu Lande oder zur See diesem Handel Sklaven zuführen, ebenfalls als verboten anzusehen sind, so erklären die Mächte, welche in den das konventionelle Kongobecken bildenden Gebieten Souveränitätsrechte oder einen Einfluß ausüben oder ausüben werden, daß diese Gebiete weder als Markt noch als Durchgangsstraße für den Handel mit Sklaven, gleichviel welcher Race, benutzt werden sollen. Jede dieser Mächte verpflichtet sich zur Anwendung aller ihr zu Gebote stehenden Mittel, um diesem Handel ein Ende zu machen und diejenigen, welche ihm obliegen, zu bestrafen.

Kapitel III.
Erklärung, betreffend die Neutralität der in dem konventionellen Kongobecken einbegriffenen Gebiete.
Artikel 10.

Um dem Handel und der Industrie eine neue Bürgschaft der Sicherheit zu geben und durch die Aufrechterhaltung des Friedens die Entwickelung der Civilisation in denjenigen Ländern zu sichern, welche im Artikel 1 erwähnt und dem System der Handelsfreiheit unterstellt sind, verpflichten sich die Hohen Theile, welche die gegenwärtige Akte unterzeichnen, und diejenigen, welche ihr in der Folge beitreten, die Neutralität der Gebiete oder Theile von Gebieten, welche den erwähnten Ländern angehören, einschließlich der territorialen Gewässer, zu achten, so lange die Mächte, welche Souveränitäts- oder Protektoratsrechte über diese Gebiete ausüben oder ausüben werden, von dem Rechte, sich für neutral zu erklären, Gebrauch machen und den durch die Neutralität bedingten Pflichten nachkommen.

Artikel 11.

Falls eine Macht, welche Souveränitäts- oder Protektoratsrechte in den im Artikel 1 erwähnten und dem Freihandelssystem unterstellten Ländern ausübt, in einen Krieg verwickelt werden sollte, verpflichten sich die Hohen Theile, welche die gegenwärtige Akte unterzeichnen, sowie diejenigen, welche ihr in der Folge beitreten, ihre guten Dienste zu leihen, damit die dieser Macht gehörigen und in der konventionellen Freihandelszone einbegriffenen Gebiete, im gemeinsamen Einverständniß dieser Macht und des anderen oder der anderen der kriegführenden Theile, für die Dauer des Krieges den Gesetzen der Neutralität unterstellt und so betrachtet werden, als ob sie einem nicht kriegführenden Staate angehörten. Die kriegführenden Theile würden von dem Zeitpunkt an darauf Verzicht zu leisten haben, ihre Feindseligkeiten auf die also neutralisirten Gebiete zu erstrecken oder dieselben als Basis für kriegerische Operationen zu benutzen.

Artikel 12.

Falls sich zwischen den Mächten, welche die gegenwärtige Akte unterzeichnen oder denjenigen, welche etwa in der Folge derselben beitreten, ernste Meinungsverschiedenheiten mit Bezug auf die Grenzen oder innerhalb der Grenzen der im Artikel I erwähnten und dem Freihandelssystem unterstellten Gebiete ergeben, so verpflichten sich jene Mächte, bevor sie zur Waffengewalt schreiten, die Vermittelung einer oder mehrerer der befreundeten Mächte in Anspruch zu nehmen.

Für den gleichen Fall behalten sich die gleichen Mächte vor, nach ihrem Ermessen auf ein schiedsrichterliches Verfahren zurückzugreifen.

Kapitel IV.
Kongo-Schifffahrtsakte.

Artikel 13.

Die Schifffahrt auf dem Kongo, ohne Ausnahme irgend einer der Verzweigungen oder Ausläufe dieses Flusses, soll für die Kauffahrteischiffe aller Nationen, mögen sie mit Ladung oder Ballast fahren, vollkommen frei sein und bleiben, sowohl bezüglich der Beförderung von Waaren, wie von Reisenden. Sie hat sich zu richten nach den Bestimmungen der gegenwärtigen Schifffahrtsakte und den in Ausführung derselben zu erlassenden Vorschriften.

Bei Ausübung dieser Schifffahrt sollen die Angehörigen und Flaggen aller Nationen in jeder Hinsicht auf dem Fuße einer vollkommenen Gleichheit behandelt werden, sowohl für die direkte Schifffahrt vom offenen Meer nach den inneren Häfen des Kongo und umgekehrt, als für die große und kleine Küstenschifffahrt und für die Kahnschifffahrt auf dem ganzen Laufe des Flusses.

Demgemäß soll auf dem ganzen Laufe und an den Mündungen des Kongo keinerlei Unterschied zwischen den Angehörigen der Uferstaaten und der Nichtuferstaaten gemacht und keine ausschließliche Schifffahrtsvergünstigung weder an irgend welche Gesellschaften oder Körperschaften noch an Privatpersonen verliehen werden.

Diese Bestimmungen werden von den Signatärmächten als künftig einen Bestandtheil des internationalen öffentlichen Rechts bildend anerkannt.

Artikel 14.

Die Schifffahrt auf dem Kongo soll keinerlei Beschränkung oder Abgabe unterliegen, die nicht ausdrücklich in der gegenwärtigen Akte vereinbart ist. Dieselbe soll keinerlei Stations-, Stapel-, Niederlage-, Umschlags- oder Aufenthaltsverpflichtung unterworfen sein.

In der ganzen Ausdehnung des Kongo sind die den Strom passirenden Schiffe und Waaren, ohne Rücksicht auf ihre Herkunft oder Bestimmung, von jeder Art Durchgangszoll befreit.

Es soll keinerlei See- oder Flußabgabe erhoben werden, welche sich einzig und allein auf die Thatsache der Schifffahrt gründet, noch auch irgend ein Zoll von Waaren, die sich an Bord der Schiffe befinden. Vielmehr sollen nur solche Gebühren oder Abgaben zur Erhebung gelangen, die den Karakter eines Entgeltes für der Schifffahrt selbst geleistete Dienste tragen, nämlich:

1. Hafengebühren für die thatsächliche Benutzung gewisser örtlicher Einrichtungen, wie Quais, Lagerhäuser u. s. w.

Der Tarif für diese Gebühren soll nach den Kosten der Herstellung und der Unterhaltung der bezüglichen örtlichen Einrichtungen berechnet und ohne Rücksicht auf die Herkunft der Schiffe und auf ihre Ladung angewendet werden.

2. Lootsengebühren auf denjenigen Flußstrecken, wo die Einrichtung von Stationen geprüfter Lootsen nothwendig erscheint.

Der Tarif für diese Abgaben soll fest und dem geleisteten Dienste angemessen sein.

3. Gebühren zur Bestreitung der technischen und Verwaltungsausgaben, die im allgemeinen Interesse der Schifffahrt gemacht worden sind, einschließlich der Gebühren für Leuchtthürme, Leuchtfeuer und Baken. Die Gebühren der letzteren Art sollen nach dem Tonnengehalte der Schiffe, wie sich derselbe aus den Schiffspapieren ergiebt, nach Maßgabe der für die untere Donau eingeführten Vorschriften berechnet werden.

Die Tarife, nach denen die in den vorhergehenden drei Absätzen aufgezählten Gebühren und Abgaben erhoben werden, dürfen keinerlei differentielle Behandlung enthalten und sind in jedem Hafenplatze amtlich zu veröffentlichen.

Die Mächte behalten sich vor, nach Ablauf eines Zeitraums von fünf Jahren zu prüfen, ob eine Revision der oben erwähnten Tarife, auf Grund gemeinschaftlichen Einverständnisses, angezeigt erscheint.

Artikel 15.

Die Nebenflüsse des Kongo sollen in jeder Hinsicht denselben Gesetzen wie der Strom selbst unterworfen sein.

Die gleichen Gesetze gelten auch für die größeren und kleineren Flüsse, sowie für die Seen und Kanäle in den durch Artikel 1 Absatz 2 und 3 näher bezeichneten Gebieten.

Doch sollen sich die Befugnisse der Internationalen Gesellschaft des Kongo auf die gedachten größeren und kleineren Flüsse, Seen und Kanäle nur dann erstrecken, wenn die Staaten, unter deren Souveränität jene Gewässer stehen, ihre Zustimmung ertheilen. Auch bleibt wohlverstanden für die in Artikel 1 Absatz 3 erwähnten Gebiete die Zustimmung der souveränen Staaten, zu denen diese Gebiete gehören, vorbehalten.

Artikel 16.

Straßen, Eisenbahnen oder Seitenkanäle, welche zu dem besonderen Zwecke erbaut werden, um der Nichtschiffbarkeit oder den Mängeln der Wasserstraße auf gewissen Strecken des Kongo, seiner Nebenflüsse, und den anderen, durch Artikel 15 letzteren gleichgestellten Wasserläufen abzuhelfen, sollen in ihrer Eigenschaft als Verkehrsmittel als zu diesem Strome gehörig angesehen werden und gleichfalls dem Handel aller Nationen geöffnet sein.

Ebenso wie auf dem Strome können auch auf diesen Straßen, Eisenbahnen und Kanälen nur solche Abgaben erhoben werden, welche nach Maßgabe der Aufwendungen für Herstellung, Unterhaltung und Betrieb, einschließlich des den Unternehmern zustehenden Gewinnes, in Ansatz zu bringen sind.

Bei Bestimmung der Höhe dieser Abgaben sollen die Fremden und die Angehörigen der betreffenden Gebiete auf dem Fuße vollständiger Gleichheit behandelt werden.

Artikel 17.

Eine Internationale Kommission wird eingesetzt, um die Ausführung der Bestimmungen der gegenwärtigen Schiffahrtsakte zu sichern.

Die Signatärmächte dieser Akte, sowie die Mächte, welche später derselben beitreten, können sich jederzeit in der gedachten Kommission, jede durch einen Abgesandten, vertreten lassen. Kein Abgesandter kann über mehr als eine Stimme verfügen, selbst dann nicht, wenn er mehrere Regierungen vertritt.

Der Abgesandte wird direkt von seiner Regierung besoldet.

Die Gehälter und Bezüge der Agenten und Angestellten der Internationalen Kommission werden auf den Ertrag der gemäß Artikel 14 Absatz 2 und 3 zu erhebenden Abgaben verrechnet.

Die Höhe der fraglichen Gehälter und Bezüge, sowie die Anzahl, der Grad und die Amtsbefugnisse der einzelnen Agenten und Angestellten sind in den Rechenschaftsbericht aufzunehmen, welcher jedes Jahr an die in der Internationalen Kommission vertretenen Regierungen zu erstatten ist.

Artikel 18.

Die Mitglieder der Internationalen Kommission, sowie die von ihr ernannten Agenten sind in der Ausübung ihrer Funktionen mit dem Privileg der Unverletzlichkeit bekleidet. Der gleiche Schutz soll sich auf die Amtsräume, Büreaus und Archive der Kommission erstrecken.

Artikel 19.

Die Konstituirung der Internationalen Schiffahrtskommission des Kongo soll erfolgen, sobald fünf der Signatärmächte der gegenwärtigen Generalakte ihre Abgesandten ernannt haben. Bis zur Konstituirung der Kommission soll die Ernennung der Delegirten der Regierung des Deutschen Reichs angezeigt werden, welche ihrerseits die erforderlichen Schritte einleiten wird, um die Vereinigung der Kommission herbeizuführen.

Die Kommission hat unverzüglich Bestimmungen über die Schiffahrt, die Flußpolizei, das Lootsen- und Quarantänewesen auszuarbeiten.

Diese Bestimmungen, sowie die von der Kommission festzusetzenden Tarife sind vor ihrer Inkraftsetzung der Genehmigung der in der Kommission vertretenen Mächte zu unterbreiten. Die interessirten Mächte haben binnen kürzester Frist ihre Ansicht zu äußern.

Uebertretungen dieser Bestimmungen werden da, wo die Internationale Kommission ihre Machtbefugnisse unmittelbar ausübt, von den Agenten derselben, anderwärts von dem betreffenden Uferstaate geahndet.

Im Falle eines Amtsmißbrauchs oder einer Rechtsverletzung von Seiten eines Agenten oder Angestellten der Internationalen Kommission soll es dem Betreffenden, der sich in seiner Person oder seinen Rechten verletzt fühlt, freistehen, sich an den konsularischen Agenten seiner Nation zu wenden. Letzterer hat die Beschwerde zu prüfen und kann dieselbe, sofern er sie prima facie begründet findet, der Kommission vortragen. Auf seinen Antrieb hat die Kommission, vertreten durch mindestens drei ihrer Mitglieder, mit ihm gemeinschaftlich eine Untersuchung über das Verfahren ihres Agenten oder Angestellten herbeizuführen. Wenn der konsularische Agent die Ent-

…cheidung der Kommission für rechtlich anfechtbar hält, so hat er darüber an seine Regierung zu berichten, welche sich mit den in der Kommission vertretenen Mächten in Verbindung setzen und dieselben einladen kann, über die der Kommission zu ertheilenden Weisungen eine Verständigung zu treffen.

Artikel 20.

Die nach Artikel 17 mit Ueberwachung der Ausführung der gegenwärtigen Schifffahrtsakte betraute Internationale Kommission des Kongo zählt namentlich zu ihren Befugnissen:

1. Die Bestimmung der Arbeiten, welche geeignet sind, die Schiffbarkeit des Kongo entsprechend den Bedürfnissen des internationalen Handels zu sichern.

    Auf denjenigen Strecken des Stromes, wo keine Macht Souveränitätsrechte ausübt, hat die Internationale Kommission selbst die erforderlichen Maßnahmen zur Sicherung der Schiffbarkeit des Flusses zu treffen.

    Auf den im Besitz einer souveränen Macht befindlichen Strecken hat sich die Internationale Kommission mit der Ufer-Obrigkeit zu verständigen.

2. Die Festsetzung des Lootsentarifs, sowie des allgemeinen Tarifs für die im zweiten und dritten Absatz des Artikels 14 vorgesehenen Schifffahrtsabgaben.

    Die im ersten Absatz des Artikels 14 erwähnten Tarife werden innerhalb der durch den gedachten Artikel bestimmten Grenzen von der territorialen Obrigkeit festgesetzt.

    Die Erhebung der verschiedenen Abgaben erfolgt durch die internationalen oder territorialen Obrigkeiten, für deren Rechnung sie eingeführt sind.

3. Die Verwaltung der nach obigem Absatz 2 erzielten Einkünfte.

4. Die Ueberwachung der in Gemäßheit des Artikels 24 geschaffenen Quarantäneanstalt.

5. Die Ernennung der zu dem allgemeinen Schifffahrtsdienst gehörigen Agenten, sowie ihrer eigenen Angestellten.

    Die Einsetzung von Unteraufsehern erfolgt für die im Besitz einer Macht befindlichen Stromstrecken durch die Territorialgewalt, für die übrigen Stromstrecken durch die Internationale Kommission.

    Der Uferstaat hat der Internationalen Kommission die Ernennung der von ihm eingesetzten Unteraufseher anzuzeigen und seinerseits für die Besoldung der letzteren Sorge zu tragen.

In der Ausübung ihrer oben bezeichneten und abgegrenzten Befugnisse ist die Internationale Kommission von der Territorialgewalt unabhängig.

Artikel 21.

Bei der Erfüllung ihrer Aufgabe kann die Internationale Kommission, im Nothfalle, die Kriegsschiffe der Mächte, welche diese Akte unterzeichnen, sowie derjenigen, die ihr künftig beitreten, zur Hülfe ziehen, unbeschadet der den Kommandanten dieser Schiffe von ihren betreffenden Regierungen etwa ertheilten Instruktionen.

Artikel 22.

Die in den Kongo einlaufenden Kriegsschiffe der die gegenwärtige Akte unterzeichnenden Mächte sind von Entrichtung der im Absatz 3 des Artikels 14 vorgesehenen Schiffahrtsabgaben befreit. Sie haben indeß die eventuellen Lootsen-, sowie die Hafenabgaben zu leisten, sofern nicht ihre Intervention von der Internationalen Kommission oder deren Agenten nach Maßgabe des vorhergehenden Artikels nachgesucht worden ist.

Artikel 23.

Zur Deckung der ihr obliegenden Ausgaben für technische und Verwaltungszwecke kann die durch Artikel 17 eingesetzte Internationale Kommission in eigenem Namen Anleihen schließen, zu deren Sicherstellung ausschließlich die der gedachten Kommission zugewiesenen Einkünfte dienen.

Die auf den Abschluß einer Anleihe gerichteten Beschlüsse der Kommission müssen mit einer Majorität von zwei Drittel der Stimmen gefaßt sein. Unter allen Umständen bleibt die Annahme ausgeschlossen, als ob von den in der Kommission vertretenen Regierungen irgend eine Garantie übernommen oder irgend eine Verbindlichkeit oder Bürgschaft bezüglich der fraglichen Anleihen eingegangen werde, es sei denn, daß sie besondere Abkommen zu diesem Zwecke getroffen hätten.

Der Ertrag der im dritten Absatz des Artikels 14 aufgeführten Abgaben soll in erster Linie zur Bezahlung der Zinsen der gedachten Anleihen und zu ihrer Tilgung, nach Maßgabe der mit den Darleihern getroffenen Abkommen verwendet werden.

Artikel 24.

An den Mündungen des Kongo soll, sei es auf Initiative der Uferstaaten, sei es auf Dazwischentreten der Internationalen Kommission, eine Quarantäneanstalt geschaffen werden, deren Aufgabe es ist, die Kontrole über die ein- und auslaufenden Schiffe auszuüben.

Es bleibt späterer Entscheidung der Mächte vorbehalten, ob und unter welchen Bedingungen eine gesundheitliche Kontrole über die Schiffe auch im Gebiete der eigentlichen Stromschiffahrt auszuüben ist.

Artikel 25.

Die Bestimmungen der gegenwärtigen Schiffahrtsakte sollen in Kriegszeiten in Kraft bleiben. Demgemäß soll auf dem Kongo, seinen Verzweigungen, Nebenflüssen und Mündungen, sowie auf den, letzteren gegenüberliegenden Theilen des Küstenmeeres die Schiffahrt aller Nationen, neutraler wie kriegführender, zu jeder Zeit für den Gebrauch des Handels frei sein.

Der Handel soll gleichfalls, ungeachtet des Kriegszustandes, frei bleiben auf den in den Artikeln 15 und 16 erwähnten Straßen, Eisenbahnen, Seen und Kanälen.

Dieser Grundsatz erleidet eine Ausnahme nur bezüglich der Beförderung von Gegenständen, welche für einen Kriegführenden bestimmt und nach dem Völkerrecht als Kriegskontrebande anzusehen sind.

Alle in Ausführung des gegenwärtigen Akte geschaffenen Werke und Einrichtungen, namentlich die Hebestellen und ihre Kassen, sowie die bei diesen Einrichtungen dauernd angestellten Personen sollen den Gesetzen der Neutralität unterstellt sein und demgemäß von den Kriegführenden geachtet und geschützt werden.

Kapitel V.
Niger-Schifffahrtsakte.

Artikel 26.

Die Schiffahrt auf dem Niger, ohne Ausnahme irgend einer der Verzweigungen : Ausläufe dieses Flusses, soll für die Kauffahrteischiffe aller Nationen, mögen sie Ladung oder Ballast fahren, vollkommen frei sein und bleiben, sowohl bezüglich Beförderung von Waaren wie von Reisenden. Sie hat sich zu richten nach den simmungen der gegenwärtigen Schiffahrtsakte und den in Ausführung derselben zu senden Vorschriften.

Bei Ausübung dieser Schiffahrt sollen die Angehörigen und Flaggen aller ionen in jeder Hinsicht auf dem Fuße vollkommener Gleichheit behandelt werden, obl für die direkte Schiffahrt vom offenen Meere nach den inneren Häfen des r und umgekehrt, als für die große und kleine Küstenschiffahrt und für die Kahnsahrt auf dem ganzen Laufe des Flusses.

Demgemäß soll auf dem ganzen Laufe und an den Mündungen des Niger rlei Unterschied zwischen den Angehörigen der Uferstaaten und der Nicht-Uferstaaten acht und keine ausschließliche Schiffahrtsvergünstigung weder an irgend welche schaften oder Körperschaften, noch an Privatpersonen verliehen werden.

Diese Bestimmungen werden von den Signatärmächten, als künftig einen Betheil des internationalen öffentlichen Rechts bildend, anerkannt.

Artikel 27.

Die Schiffahrt auf dem Niger soll keinerlei Beschränkung oder Abgabe untern, welche sich einzig und allein auf die Thatsache der Schiffahrt gründet.

Dieselbe soll keinerlei Stations-, Stapel-, Niederlage-, Umschlags- oder Aufsltsverpflichtung unterworfen sein.

In der ganzen Ausdehnung des Niger sind die den Strom passirenden Schiffe Waaren, ohne Rücksicht auf ihre Herkunft oder Bestimmung, von jeder Art bgangszoll befreit.

Es soll keinerlei See- oder Flußabgabe erhoben werden, welche sich einzig und auf die Thatsache der Schiffahrt gründet, noch auch irgend ein Zoll von ren, die sich an Bord der Schiffe befinden. Vielmehr sollen nur solche Gebühren Abgaben zur Erhebung gelangen, die den Karakter eines Entgeltes für der fahrt selbst geleistete Dienste tragen. Die Tarife für diese Gebühren oder Ab- ı sollen keinerlei differentielle Behandlung enthalten.

Artikel 28.

Die Nebenflüsse des Niger sollen in jeder Hinsicht denselben Gesetzen wie der n selbst unterworfen sein.

Artikel 29.

Straßen, Eisenbahnen oder Seitenkanäle, welche zu dem besonderen Zwecke erwerden, um der Nichtschiffbarkeit oder den Mängeln der Wasserstraße auf gewissen ten des Niger, seiner Nebenflüsse, Verzweigungen und Ausflüsse abzuhelfen, sollen in ihrer Eigenschaft als Verkehrsmittel als zu diesem Strome gehörig angesehen werden und gleichfalls dem Handel aller Nationen geöffnet sein.

Ebenso wie auf dem Strome können auch auf diesen Straßen, Eisenbahnen und Kanälen nur solche Abgaben erhoben werden, welche nach Maßgabe der Aufwendungen für Herstellung, Unterhaltung und Betrieb, einschließlich des den Unternehmern zustehenden Gewinnes, in Ansatz zu bringen sind.

Bei Bestimmung der Höhe dieser Abgaben sollen die Fremden und die Angehörigen der betreffenden Gebiete auf dem Fuße vollständiger Gleichheit behandelt werden.

Artikel 30.

Großbritannien verpflichtet sich, die in den Artikeln 26, 27, 28, 29 mit Bezug auf die Freiheit der Schiffahrt aufgestellten Grundsätze zur Anwendung zu bringen, insoweit die Gewässer des Niger, seiner Nebenflüsse, Verzweigungen und Ausflüsse sich unter britischer Souveränität oder britischem Protektorat befinden oder befinden werden.

Die Bestimmungen, welche es zur Sicherung und Kontrole der Schiffahrt erlassen wird, werden so abgefaßt sein, daß der freie Verkehr der Handelsschiffe soviel wie möglich erleichtert wird.

Es versteht sich, daß keine der so übernommenen Verpflichtungen in dem Sinne ausgelegt werden kann, als wenn in Folge derselben Großbritannien verhindert wäre oder sein könnte, beliebige Bestimmungen für die Schiffahrt zu treffen, welche nicht mit dem Geiste dieser Verpflichtungen in Widerspruch stehen.

Großbritannien verpflichtet sich, den fremden Kaufleuten aller Nationen, welche in den jetzt oder zukünftig seiner Souveränität oder seinem Protektorat unterstehenden Strecken des Niger Handel treiben, Schutz zu gewähren, als wären es seine eigenen Unterthanen, vorausgesetzt jedoch, daß die betreffenden Kaufleute den auf Grund des Vorstehenden ergangenen oder in Zukunft ergebenden Bestimmungen nachkommen.

Artikel 31.

Frankreich übernimmt, insoweit die Gewässer des Niger, seiner Nebenflüsse, Verzweigungen und Ausläufe sich unter seiner Souveränität oder seinem Protektorat befinden oder befinden werden, die in dem vorhergehenden Artikel bezeichneten Verpflichtungen unter denselben Vorbehalten und in dem gleichen Wortlaut.

Artikel 32.

Jede der übrigen Signatärmächte verpflichtet sich in gleichem Sinne für den Fall, daß sie in Zukunft Souveränitäts- oder Protektoratsrechte über irgend einen Theil des Niger, seine Nebenflüsse, Verzweigungen und Ausflüsse ausüben sollte.

Artikel 33.

Die Bestimmungen der gegenwärtigen Schiffahrtsakte sollen in Kriegszeiten in Kraft bleiben.

Demgemäß soll auf dem Niger, seinen Verzweigungen und Nebenflüssen, seinen Mündungen und Ausflüssen, sowie auf den, den Mündungen und Ausflüssen dieses